경제의 봄은
저절로
오지
않는다

Copyright ⓒ 2007, 이관우
이 책은 한국경제신문 한경BP가 발행한 것으로
본사의 허락없이 이 책의 일부 또는
전체를 복사하거나 전재하는 행위를 금합니다.

한국 경제의 선구자가 은행 창가에서 바라본 세상과 인생

경제의 봄은
저절로
오지
않는다

| 이관우 지음 |

한국경제신문

| 추천사 |

금융인의 삶을 배우다

　제가 금융인으로서 뿌리를 내릴 수 있었던 것은 첫 단추를 바르게 채웠기 때문이라고 생각합니다. MBA를 졸업하고 하나은행의 전신인 한국투자금융에 입사해 본격적인 성장궤도에 오르기 전, 저는 한일은행의 한 지점에서 직장인으로서의 첫걸음을 내딛었습니다.

　지금 와서 돌이켜보면, 사회 초년병 당시 제가 배운 것은 단순한 업무지식이 아니라 금융인으로서의 삶의 자세였습니다. 그 후 저는 하나은행에서 또 다른 출발을 하였으나, 금융인이 가져야 할 도덕성과 철저한 프로정신 그리고 시장을 보는 냉정한 시각은 은행의 같고 다름을 떠나 우리나라의 선배 금융인들로부터 물려받은 값진 자산인 것입니다.

제가 이관우 전 행장님과 직접적인 교분을 나누게 된 것은 1993년 금융실명제가 도입되던 때였습니다. 저는 MBA 유학 이후 한국투자금융의 창립멤버로서 1991년 하나은행으로의 전환을 거쳐 하나은행의 임원으로 제2의 은행생활을 시작하고 있었고 이관우 전 행장님께서는 이미 한일은행의 임원을 역임하고 계셨습니다.

당시 금융실명제를 위한 시중은행 임원들의 모임이 있었는데, 그 자리에서 이관우 전 행장님과 말씀을 나누고 의견을 교환할수록 시장 현실에 대한 정확한 이해와 신속하고 과감한 실행력 등이 참 대단한 분이라는 생각이 들었습니다. 이관우 전 행장님께서도 저의 소견에 대해 건설적인 고견과 선배 금융인으로서의 충고를 아끼지 않으셨습니다.

그때부터 저와 이관우 전 행장님은 경영진들만의 고민을 공유하고 때로는 선의의 경쟁을 펼치는 독특한 우정을 쌓아갈 수 있었습니다. 제가 운 좋게 하나은행의 행장으로 취임하게 되었을 때 이관우 전 행장님은 이미 한일은행의 행장으로서 우리나라 은행업계의 선두에 서 계셨으며, 1997년 은행권에 불어 닥친 IMF 위기에 함께 맞서기도 했습니다. 이 책에는 그 당시의 기록들도 수록되어 있습니다.

예전이나 지금이나 금융권은 취업준비생들에게 항상 인기가 좋은 것 같습니다. 저는 미래의 금융인을 꿈꾸는 학생들과 후배 금융인들이 이 책을 읽으면서 한 선배 금융인이 그린 진솔한 삶의 궤적을 보고 배우길 바랍니다. 그리고 이를 통해 가장 근본적이지만 요즘은 쉽게 거론되지 않는 진실인 '금융은 시작도 사람이고 끝도 사람이다' 라는 경구의 의미를 다시 한 번 되새겨 봄으로써, 시장의 갑작스런 변화에 좌초되지 않는 확고한 무게중심을 찾았으면 합니다.

하나금융그룹 회장
김 승 유

| 책을 펴내며 |

과거에서 미래를 읽는다

　세상을 살아간다는 일은 어찌 보면 매 순간마다 중요한 결정의 연속이 아닌가 하는 생각을 하게 됩니다. 특히 중임을 맡은 사람의 경우에는 그것은 더욱 피할 수 없는 숙명 같은 것이기도 합니다.
　특정 시점에 내려진 결정은, 일상 속의 사소한 결정이건 아니면 국가의 정책과 관련된 중대한 결정이건, 그 시점 이후의 상황에 영향을 미치게 됩니다. 그렇기 때문에 남들이 아직 보지 못하는 미래를 예견하고 그에 부합하는 결정을 오늘 내리는 것은 매우 중요한 일입니다. 따라서 지나고 보면 누구나 할 수 있는 이야기들을 이미 오래 전에 할 수 있었다는 것은 매우 중대한 의미를 갖습니다.
　우리는 과거를 기억하는 부분에 있어 상당히 선택적인 측면을 갖고 있습니다. 마음속에 간직하고 있어봐야 도움이 되지 않는 부분들은 오래도록 기억하고 반복해 되새기는 반면, 실제로 반추하고 다시 잘 생각해야 할 과거의 사건들은 "이미 지난 일인데 뭐, 앞으로 잘하면 되지"라는 말로 대수롭게 생각하지 않는 경향이 있습니다.

절대로 예견할 수 없는 재앙이란 흔치 않습니다. 특히 그 재앙이 '인재'일 경우에는 더더욱 그러합니다. 모든 사건은 인과관계가 분명한, 일련의 연속적인 사건의 일부일 뿐입니다. 또한 개개의 사건들은 일련의 사건이라는 큰 흐름 속에서, 여러 발생 가능한 사건들 중 우리가 '선택한' 사건일 뿐이라는 사실도 부정할 수 없는 일입니다.

이미 지난 일들에 대해 "만약 이랬더라면?" 하는 질문을 계속하는 것은 비생산적인 일에 지나지 않을 수도 있습니다. 그러나 선택되지 않은 대안들이 '왜' 선택되지 않았는지 따져보는 것은 매우 의미 있는 일입니다. 특히 그 선택되지 않았던 대안들이 지금에 와서 "그 당시 꼭 필요했던 일"로 간주되고 있다면 더더욱 그러합니다.

IMF사태 이후 수많은 기관과 단체들이 반복해서 제안하고 수용한 정책들을 IMF 사태가 발생하기 수년 전부터 주장해왔으며, 사태 당시 그 폭풍의 한가운데 서 있던 금융인 한 사람이 있었습니다. IMF 사태가 발생한 지 이미 10년이 흐른 지금, 그 금융인이 품어왔던 많은 생각들, 그가 주장했던 한국 금융산업의 나아갈 바, 그리고 그가 제안했던 수많은 정책들을 다시 살펴보는 것은 우리 경제의 나아갈 바를 조명하는 데 있어 큰 의미가 있을 것입니다. 이에 당시 그의 주장들과 언론의 평들을 한 권의 책으로 엮어 향후 우리의 금융과 경제의 미래를 준비하는 타산지석으로 삼고자 합니다.

이 책에는 문서로서 기록되거나 보존되어 있지 않은 부분, 강의를 통해서나 또는 금융기관장 회의 시 발언, 그 외 여러 경로를 통해 사견으로 제의되었던 내용들이 포함되어 있습니다. 그러나 이러한 내용들이 기록에 남아 있지 않은 사견이라는 이유로 사장되어 버리는 것은 상당한 손실이라고 할 수 있습니다. 더구나 이러한 의견들이 향후 우리경제의 나아갈 바를 조명하는 데 있어 큰 의미가 있다면 안타까움은 그만큼 증가된다고 할 수 있습니다.

또한 이 책에는 어렵고 힘든 시간 동안 동고동락하며 한국 경제의 성장과 발전을 위해 불철주야 힘써왔던 동료들과 금융산업인들에 대한 감사의 마음이 포함되어 있으며, 한국 금융과 경제, 사회에 대한 예리한 시선과 따뜻한 충고로 만들어진 많은 글들이 시간의 흐름에 묻혀 더 많은 사람들에게 읽히지 못하는 것을 아쉬워하며 적극적으로 출간을 권유해주셨던 많은 지인들에 대한 감사의 마음 역시 포함되어 있습니다. 이제 빛을 보게 된 예전의 글들이 오늘을 살아가는 현대인들과 금융에 종사하는 후배 금융인들에게 과거를 반추하고 미래를 설계하는 온고지신의 교훈이 되기를 진심으로 바랍니다.

IMF 사태가 진행되는 동안 가장 가까운 곳에서 그 깊은 고뇌를 지켜볼 수밖에 없었던 두 아들이, 이제 미숙하지만 경제학자로서 세계 경제의 흐름을 보면서, 아버지의 주장들을 한국의 선배 경제인, 그리고 선배 금융인의 호소라는 차원에서 재조명하고자 합니다. 이제 여기 이 한 권의 책을 인고의 시간 10년을 견뎌오신 아버지이자, 금융과 경제의 선구자적 실천가이신 이관우 행장님께 바칩니다.

끝으로 출간에 도움을 주신 한국경제신문 신상민 사장님과 흔쾌히 추천사를 써주신 존경하는 하나금융그룹 김승유 회장님께 감사의 말씀을 드립니다.

2007. 10. 30.
미국 Blue Hill Holdings, Managing Partner 경제학박사 | 이석형
중국 길림대학 동북아연구센터 교수/GCIG 아태총괄부사장 경제학박사 | 이은형

차례

추천사 금융인의 삶을 배우다　005
책을 펴내며 과거에서 미래를 읽는다　008

1부 ｜ 은행 창가에서 본 세상 ｜ 칼럼

01 _	기 살아야 경제도 산다	016
02 _	세 마리의 소	019
03 _	21세기를 맞는 금융인의 자세	021
04 _	勞使和合	025
05 _	세계화의 길	027
06 _	사교육비 유감	029
07 _	孝子論	031
08 _	넓은 안목을 가지라	033
09 _	미래를 위한 '휴먼웨어'	035
10 _	인생의 보물	038
11 _	가치 있는 도둑질	040
12 _	소신 결핍증	042
13 _	믿는 대로 된다	044
14 _	질서는 편하고 아름답다	046
15 _	'경제의 봄'은 저절로 오지 않는다	048

16 _	다양성의 미학	051
17 _	첫인상과 얼굴표정	053
18 _	작고도 쉬운 일	055
19 _	건강의 소중함	057
20 _	초대형 우량은행을 위하여!	059
21 _	올바른 의리	062
22 _	나라 사랑의 첫걸음	064
23 _	잃어버린 기회는 다시 오지 않는다	066
24 _	문화의 중요성	068
25 _	조직체의 눈	070
26 _	마지막에 웃어라	072
27 _	질서와 규범	074
28 _	사물놀이	076
29 _	가상은행	078
30 _	元亨利貞	080
31 _	일석삼조	082
32 _	몽골의 대초원	084
33 _	새해를 위한 마무리	087
34 _	꿈이 있는 미래를 위해 도전하라	089
35 _	나의 경영소감	093
36 _	세계화에 대비한 중소기업의 대응전략	097
37 _	은행의 세계화와 은행원의 자세	108

2부 | 한국 금융의 오늘과 내일 | 강연

- 38 _ 중간관리자의 역할과 책임   112
- 39 _ 한국금융산업은 미래를 어떻게 맞을 것인가?   144
- 40 _ 우리 경제의 본질과 향후 중소기업의 발전방향   175
- 41 _ 금융환경변화와 대기업의 해외차입 증가가 중소기업의 자금조달에 미치는 영향   185

3부 | 언론이 본 이관우 | 기사 및 인터뷰

- 42 _ 혁신의 전제조건은 위기의식의 공유다   194
- 43 _ 다음 세기를 향한 분투   206
- 44 _ 한국 연극의 거대한 꿈의 실현자   210
- 45 _ 금융혁신 '튀는 아이디어' 반짝반짝   223
- 46 _ 슈퍼뱅크 탄생… 은행 빅뱅 신호탄   231
- 47 _ 상업·한일은행 '슈퍼뱅크 시대' 개막   234

에필로그 21세기 선진 금융 한국을 위하여   236

1부
은행 창가에서 본 세상
칼럼

평생 동안 은행 창문을 통해 세상을 보며 금융산업 발전을 위해 25시를 뛰며 혼신의 힘을 다해 한일은행을 반석 위에 세워 오늘날 우리은행의 기초를 닦은 이관우 행장은 틈틈이 언론에 글을 발표함으로써 사회 발전을 위해서도 많은 시간과 노고를 아끼지 않고 큰 관심을 보였다.

여기 그 글들을 모아봄으로써 우리나라 금융계 최고 경영자 중의 한 사람인 전문 경영인이 바라본 세상을 이해하고 그것을 통해 우리도 미래 설계를 위한 좌표로 삼고자 한다.

_01_
기 살아야 경제도 산다

◉ 「한국경제신문」 | 1997. 6. 7. ◉

최근 북한 관련 보도들을 보면 우리가 끼니를 걱정하며 어렵게 살던 50~60년대의 아련한 기억이 되살아난다. 그리고 그 이후 열심히 땀 흘려 오늘을 만든 거칠어진 손들이 생각난다.

어떤 이는 중동의 뜨거운 모래바람을 맞으며, 또 어떤 이는 서독의 탄광에서 분진을 마시며, 그리고 모든 국민들이 허리띠를 졸라매며 서구에서 백년, 이백년이나 걸린 산업화를 30여년 만에 이룩해냈다.

돌이켜보면 우리의 경제개발 과정은 결코 순탄한 길이 아니었다. 70년대 오일쇼크 때에는 경제가 송두리째 흔들리는 어려움도 있었다. 그런데도 오늘의 빛난 성장을 이루어낼 수 있었던 것은, 어려울수록 네 일, 내 일을 구분하지 않고 서로 돕고 하나 되는 가운데 더 나은 발전의 원동력을 만들어내는 우리의 전통이 밑거름이 되었기 때문이다.

그런데 이렇듯 어렵사리 이룩해 놓은 우리 경제가 흔들리고 있다. 아시아의 네 마리 용 가운데 으뜸으로 평가받으면서 온 세계의 찬사를 한 몸에 받아온 우리 경제가 이제는 경쟁력이 급격히 저하되어 선진국들로부터 '아시아의 지렁이'가 아니냐는 비아냥을 받기까지에 이른 현실이 안타깝기 그지없다.

지난번 월드컵 대회에서 우리는 객관적으로 한수 위인 축구강국들을 맞아 대등한 경기를 펼치던 우리 팀이 다소 전력이 처지는 팀에는 오히려 고전하는 모습을 보았다. 과연 축구강국을 맞아 대등한 경기를 펼치는 우리 축구팀의 원동력은 무엇이었을까? 과학적인 데이터로는 설명이 되지 않는 그 무엇, 그것은 할 수 있고 또 해야 한다는 바로 기(氣)인 것이다.

작금의 우리 경제도 이제 그 근본적인 치유책이 필요한 시기에 처해 있다. 현재의 우리 경제와 고도성장을 구가하던 70년대와 비교해 보면 객관적인 여건이 크게 달라진 것은 아니다. 하지만 지금의 우리에게는 성장의 시기에 온 국민이 가졌던 기가 사라져가고 있다.

위기는 기회의 또 다른 이름이다. 지금의 위기상황을 오히려 절호의 기회로 삼아 우리의 가슴속에 잠재되어 있는 소중한 자산인 자신감과 기를 살리려는 노력이 절실할 때다. 좁은 시야로 판단해, 불황기라며 너무 감량경영만을 고집하여 소극적으로 대응하는 것은 기를 죽이는 것이다.

어느 대그룹에서 인위적인 명예퇴직을 하지 않겠다고 선언하자 오히려 경영이 향상되는 것을 보았다. 아무리 조직이 커지고 설비가 기계화되어 사람의 입지가 좁아지고 있다 해도 결국은 사람으로 인해 움직이는 것이 바로 기업이다.

최근 TV나 신문을 보면 과소비 풍조가 주춤해지고 있다. 또 민간 차원의 소비절약 운동, 나아가 경제 살리기 운동에 너나 할 것 없이 참여하는 움직임이 일고 있다. 이번 기회에 금융계를 포함한 경제계는 물론 학계·정계·공직자와 언론계 등 사회 각 계층 사람들이 서로를 다독거리며 기를 되살려 침체된 사회분위기를 일신하는 데 앞장서 주었으면 하는 마음 간절하다.

세상은 빠르게 전진하고 있다. 우리도 더 이상 머뭇거릴 시간적 여유가 없다. 위험이 닥치게 되면 자신도 알 수 없는 놀라운 힘을 발휘하게 되는 것처럼, 지금 겪고 있는 어려운 국면을 오히려 내면에 잠재되어 있는 기를 일깨워줄 절호의 기회로 삼아 도도한 변화의 물결에 당당히 맞서야겠다.

기가 살아야 경제도 산다.

_02_
세 마리의 소

◉ 「내외경제신문」 | 1995. 1. 25. ◉

얼룩소, 검은 소, 붉은 소 세 마리는 언제나 함께 다녔다. 사자는 그 소들을 잡아먹고 싶어서 매일 기회를 엿보고 있었다. 그러나 세 마리의 소는 언제나 똘똘 뭉쳐 같이 다녔기 때문에 함부로 덤빌 수조차 없었다.

하루는 풀밭에 얼룩소가 따로 떨어져 있는 것을 보고 사자는 가까이 다가가서 은근한 목소리로 말을 걸었다. "붉은 소가 그러던데, 너희 셋 중에서 자기가 제일 힘이 세다고 하더라." 이 말을 들은 얼룩소는 기분이 좋지 않았다. 사자는 얼룩소에게 이런 거짓말을 해놓고는 붉은 소와 검은 소에게 가서 "얼룩소가 자기가 제일 힘이 세다고 했다"고 이간질을 했다.

붉은 소와 검은 소도 그 말을 듣고 화를 냈다. 그 중에서도 붉은 소는 화가 머리끝까지 나서 검은 소가 말렸지만 얼룩소와 뿔이 빠지도록 싸웠다. 힘을 합하지 않으면 안 된다는 이솝우화의 한 토막이다.

　사람들은 물과 공기의 고마움을 모르는 것처럼 가까운 사람의 소중함을 깨닫지 못하고 오히려 소홀히 대하기 쉽다. 가족이란 이 세상에서 가장 가깝고 서로 사랑해줘야 하는 관계다. 마찬가지로 직장에서는 동료를 내 가족처럼 서로 아끼고 존중해줘야 한다. 그러나 대개는 '잘 아니까 모든 걸 이해하겠지' 하는 마음으로 또는 그 믿음 때문에 다른 사람들보다 더 무심하게 대한다.
　30년 이상의 인연을 쌓아가는 지기지우(知己之友)가 되기도 하는 관계가 직장동료다. 이런 소중한 인연은 세상에 흔치 않다. 그러나 이런 관계에서도 불신이 싹트면 이솝우화의 세 마리 소처럼 되고 만다.

　믿음과 서로를 아끼는 마음이 있는 조직은 활기가 넘친다. 고객에게도 신뢰를 주며 업적신장으로 이어진다. 그러나 잘못을 덮어주는 일 따위는 진정한 동료애가 아니다. 진실로 위한다면 그때그때 잘못을 올바로 지적해줘야 한다. 앞으로는 항상 동료를 아끼고 사랑하자고 가슴에 새겨 실천하자. 우리 동료를 우리가 아끼지 않으면 누가 아껴주겠는가.

_03_
21세기를 맞는 금융인의 자세

◉ 「신용분석」| 1996년 여름·가을 합본호 ◉

21세기를 몇 년 앞두고 전개되고 있는 WTO체제 출범, OECD 가입, 금융자율화 등 일련의 환경 변화는 우리의 국제화, 세계화, 개방화를 가속시키고 있다.

얼마 전 은행 임직원을 대상으로 실시된 한 설문조사 결과를 보면 대부분의 응답자들이 향후 우리나라 금융 산업 구조가 급격히 변화될 것이며 은행권 내부의 구조도 바뀔 뿐 아니라, 각 금융권이 특화되는 방향으로 큰 변화가 일어날 것으로 예상하고 있다.

최근 여러 금융기관에서도 환경변화에 대응하여 다양한 경영혁신 기법을 도입하고는 있으나, 이러한 혁신의 추진속도가 변화를 쫓아가지 못한다는 것이 문제가 될 수 있다. '은행원' 하면 매우 보수적이고 변화에 둔감한 집단으로 알려져 있고, '지금까지 잘 굴러왔으니 앞으로도 잘 되겠지' 하는 의식이 상존하고 있는 것이 현실이다.

'은행원처럼 책 안 읽는 직장인도 없다'는 말이 있는 것처럼 우수한 직원을 뽑아도 시간이 지나면 획일적인 업무에 틀에 박힌 사고, 단순 반복적인 생활 속에 하향평준화(?) 되어버리는 경우가 많다.

이러한 무사안일주의는 제도권 속에서 안주해온 우리나라 은행 임직원 모두의 책임이다. 세계화를 지향하는 새로운 시대에 부응하여 경쟁에서 도태되지 않기 위해 구성원 모두의 각고의 반성과 자기계발 노력이 절실히 요구된다.

돌이켜보면 경제성장을 최우선으로 생각했던, 지난 30여 년의 경제개발시기에 우리의 금융산업은 정부 주도 하에서 경쟁력을 갖추지 못하고 질적인 면에서 많은 문제점을 안은 채, 외형성장을 지속해왔다.

금융자율화로 경쟁은 심화되고 은행의 수익성은 저하되는 가운데 우리 은행들은 경영의 자율성을 제고시키면서 한편으로는 공공성 및 윤리의식 즉 사회적 책임을 다할 준비를 갖추어야 한다. 그동안 은행들은-비록 극히 일부라 해도-잘못된 관행이나 윤리의식의 결여로 여러 유형의 금전사고 및 무사 안일한 업무처리에 젖어온 것이 사실이다.

은행은 기업성 및 공공성의 양면을 동시에 지니고 있다. 윤리적 기반에 바탕을 둔 금융인의 사회적 책임이 절실하게 요구되는 것은 당연하며 다음과 같은 몇 가지 사항을 생각해보고자 한다.

첫째, 금융기관 임직원 모두의 자율성 제고가 필요하다.
정부의 금융기관에 대한 정책 방향도 보호와 규제로부터 대폭적인 규제완화를 통한 자율성 제고로 경쟁력을 강화하고자 하는 것이다. 세계화 시대에 국제경쟁력 제고를 위해서는 우리 금융기관 임직원 모두 자율성 제고를 최우선의 과제로 삼아야 한다.

둘째, 효율적인 경영으로 국민과 기업에 더욱 훌륭한 금융 서비스를 제공하기 위해 노력해야 한다.
경영혁신을 통한 경쟁력 제고, 임직원이 화합된 새로운 기업문화의 창조 등 경영체질 개선으로 수익성 제고라는 기업성과 함께 국가경제의 자금배분 효율화를 통한 공공성을 동시에 만족시켜야 한다.

셋째, 고객에게 도움을 줄 수 있는 양질의 정보를 제공해야 한다.
최근의 금융환경변화는 여러 분야에서 불확실성과 위험을 증가시키고 있다. 은행은 전문화된 금융기관으로서 불확실성과 위험에 대처할 수 있는 유용한 정보를 창출하여 제공함으로써 고객이 이에 대응할 수 있도록 해야 한다. 독일산업계의 지배자로 불리는 '도이치 방크'의 예에서 보듯이, 우리 은행도 산업계에 자금을 공급하는 데 그치지 않고 산업계의 친밀한 조언자로서의 역할을 수행함으로써 금융과 산업의 관계를 재정립해야 할 것이다.

넷째, 전문인력 양성을 위해 아낌없이 투자해야 한다.
사람이야말로 은행경영에서 가장 중요한 자원이라는 사실은 두말할 필요가 없다. 우수한 인재의 확보는 물론 인간존중에 바탕을 두고 장기적으로 필요한 인재를 육성하는 방안을 은행경영전략의 최우선 과제로 시행함으로써 한국 금융산업의 내일을 준비해야 한다.

다섯째, 정보화시대에 대비한 과감한 투자가 필수적이다.
대부분의 미래학자들은 21세기를 '정보화 사회'로 예견한다. 금융산업에도 펌뱅킹(firm banking), 홈뱅킹(home banking), 폰뱅킹(phone banking) 등은 물론 전자화폐(cyber money), 가상은행(virtual banking) 등의 전문용어들이 더는 생소하지 않게 되었다. 이제 금융산업은 첨단 금융기법과 정보통신 기술이 결합된 테크노뱅킹의 시대를 맞이하여, 미래에는 정보화가 금융기관의 경쟁력을 좌우하는 가장 중요한 요소가 될 것이다.

이상 몇 가지를 언급했으나 마지막으로 금융기관 임직원들의 자기 은행에 대한 애착심과 직업의식을 강조하고 싶다. 자기 직업에 긍지를 지녀야 함은 물론 직장을 사랑하는 마음이 좋은 팀워크를 형성시켜준다. 이 팀워크가 모든 난관을 뚫고 우리에게 밝은 내일을 열어줄 것이다.

_04_
勞使和合

◉「내외경제신문」| 1995. 1. 18. ◉

사람이 살아가는 데는 옷과 음식 그리고 주택, 이 세 가지가 필요하다. 특히 일하며 살기 위해서는 음식물을 먹고 소화시키고 흡수하는 과정을 거쳐 에너지를 공급받아야만 한다. 사회의 구조도 같은 이치로 돌아간다고 본다. 개인적으로는 일하는 보람을 느끼고 나아가서는 잘 사는 사회를 구가하기 위해서는 구성원 모두가 너와 내가 아닌 '우리'로서의 조화를 이루어야 한다.

합리가 서양사상이라면 조화는 동양사상이다. 따라서 노사관계는 동양철학이라 할 수 있는 젓가락론으로 풀어보면 자명해진다. 젓가락 한 짝을 노동자로, 나머지 한 짝을 사용자로 비유해보자.

젓가락은 가지런히 짝을 맞춰서 사용해야 음식물을 잘 집을 수 있다. 하나가 길고 짧다든가 어긋나 있으면 음식을 잘 집을 수도 없거니와 설령 집는다 해도 입에 넣기 전에 떨어뜨리기 쉽다. 즉 노와 사가 젓가락질을 할 때처럼 동등한 입장에 서서 협력을 아끼지 않으면 모든 문제는 쉽게 풀린다. 그렇지 않으면 매사가 어렵게 꼬이기만 할 것이다.

현대적 의미의 성숙된 노사관계는 대립의 관계가 아니라 협조의 관계라 할 수 있다. 더구나 금융기관의 노사관계야말로 국가경제발전의 큰 역할을 담당한다는 점에서 한층 더 긴밀히 유지되어야 한다.

미국 철학자 노먼 빈센트 필 박사는 "사람은 어느 때든 시련을 맞는다"고 했다. 변화의 시대에 어떻게 대처해나가느냐에 따라 실패와 성공이 달려 있으며 그 차이는 얼마만한 자신감과 신념을 소유하느냐에 달려 있다.

지금 우리가 맞고 있는 이 전환기의 시대를 노와 사가 똘똘 뭉쳐 힘을 합하면 세계 속의 정상으로 우뚝 솟을 것으로 확신한다. 노와 사가 잘 맞춰진 젓가락처럼 일한다면 해내지 못할 일이 없기 때문이다. 모쪼록 금년은 노사화합이 잘 이루어져 '노사분규 제로'의 원년이 되었으면 하는 바람이다.

_05_
세계화의 길

◉ 「매일경제신문」 | 1995. 5. 4. ◉

결혼은 사람이 태어나고 죽는 것 외에 일생에서 겪을 수 있는 가장 중요한 일 중의 하나다. 이런 결혼에는 대략 세 가지 유형이 있다고 한다. 첫 번째가 뜻을 같이하는 동지를 구하는 결혼이요, 두 번째는 인생의 반려자인 아내와 남편을 구하는 결혼이며, 마지막은 남이 하니까 엉겁결에 하는 결혼이라고 한다. 결혼이 중요한 것은 두 말할 필요도 없이 그 사람의 인생을 좌우할 수 있기 때문이다. 결혼을 잘못하면 일생동안 불행하다. 무릇 결혼을 하려면 첫 번째나 두 번째 경우여야 한다.

세계화 역시 마찬가지다. 최소한 남이 하니까 덩달아 하는 세계화는 아니어야 한다. 해외지사 한두 개 더 늘리고, 외국어를 열심히 하는 것만으로 세계화가 되는 게 아니다. 마음이 조급해서도 실패하기 십상이다. 자기중심의 잣대로 가늠하는 것 또한 위험하다.

요즈음 주위에서 안타깝게 무너지는 기업들의 사례에서 뼈아픈 교훈을 얻어야 한다. 우선은 나를 돌아봐야 한다. 그리고 세계화를 내 몸에 맞게 재단해야 한다. 추상적이거나 피상적이어서는 안 된다. 구체적이고 실천 가능한 계획으로 시작을 해야 한다.

세계화로 가는 것도 중요하지만 그것을 가로막는 요인부터 제거해야 한다. 그래서 열린 마음이 필요하다. 자기 것은 감싸고 남의 것을 취하는 것이 세계화가 아니다. 이기주의를 버리고 더불어 사는 지혜를 모아야 한다. 사고와 행동이 편협하지 않아야 한다. 마음을 열어 세계를 끌어안을 수 있어야 한다.

금년부터 WTO(세계무역기구) 체제가 출범되고, 지난 3월 우리나라도 세계 27번째로 OECD(경제협력개발기구)에 가입신청을 함으로써 국가의 보호막은 매우 얇아졌다. 기업이 직접 세계를 상대해야 하는 '무한경쟁시대'에 돌입한 것이다. 세계화 시대에 일류가 되지 않으면 살아남지 못한다. 이제는 열심히 노력하여 세계일류가 되는 것 외에는 다른 방법이 없게 되었다. 우리 모두 다같이 **변**하고 **뭉**쳐서 **뛰**지 않으면 안 된다.

_06_
사교육비 유감

◉「매일경제신문」| 1995. 5. 11. ◉

'遺子黃金滿籯不如一經'(유자황금만영불여일경)
 자식에게 상자에 가득 찰 정도의 황금을 남겨주느니보다 한 편의 경서를 남겨주는 것이 더 유익하다.' 한서 위현전에 나오는 말이다. 재산을 물려주기보다는 교육을 시키라는 뜻이다.
 성인 공자에 다음가는 사람으로, 아성(亞聖)이라 일컬어지는 맹자를 키워낸 맹자 어머니의 맹모삼천지교를 교훈 삼았던 선인들의 예를 들지 않아도 예나 지금이나 우리 민족의 교육열은 남다른 데가 있다.

 얼마 전 모 경제연구소의 발표에 따르면 전국에서 표본 추출된 가구를 대상으로 설문조사한 결과, 1가구당 연간 교육비로 지출하는 금액이 176만 4천원이라 한다. 우리나라 전체 가구 수를 감안해서 계산하면 한해에 22조 6천 65억 원이라는 천문학적인 숫자의 돈이 교육비로 지출되는 셈이다. 특히 이중에서 과외비와 학원비, 즉 사교육비로 지출되는 돈이 전체의 43%인 9조 7천 2백억 원에 이른다는 것이다. 영종도 신공항 2개를 만들고도 남는 돈이고 단군 이래 최대의 역사라는 경부고속철도를 건설하는 비용과 맞먹는 돈이다. 가히 우리네 상상을 초월하고도 남는다.

미국의 저명한 경영학자 피터 드러커가 "국민소득의 지출은 교육에 대한 기본투자에 우선권을 주어야 한다"고 역설했듯이 공교육에 대한 투자에 이론을 제기할 사람은 없을 것이다. 다만 사교육비로 그렇게 많은 돈이 지출되는 것은 유감이 아닐 수 없다. 금융기관에 종사하는 사람으로서 사교육비의 전부는 아니더라도 절반만이라도 은행에 예치된다면 부도가 나서 쓰러지는 중소기업을 도울 수 있을 것이라고 생각하면 더욱 그렇다. 유망한 중소기업에게 1억씩만 지원해줘도 4만 5천여 개의 중소기업이 도움을 받을 수 있다는 계산이 나오기 때문이다.

자녀교육에 많은 돈을 들이는 것을 굳이 탓할 생각은 없지만 그것이 자녀들의 특성을 살리는 교육이 아니라 부모의 허욕이나 과시성 과외교육이 아니길 바랄 뿐이다. 일전에 지방도시를 순회하면서 만났던 중소기업체 사장들의 자금조달에 애로가 많다던 말씀이 떠올라 더욱 마음이 무거워진다.

_07_
孝子論

◉ 「매일경제신문」| 1995. 5. 17. ◉

동서양 문헌을 살펴보면 서양서적에서 '효(孝)'의 개념은 거의 찾아볼 수 없다. 이미 오래 전부터 효는 서양보다는 동양, 그 중에서도 우리나라가 투철하게 중요시 여겼던 모양이다.

옛날 어느 고을에 효자와 불효자가 살았다. 하루는 고을 원님이 불효자를 교육시키려고 효자네 집으로 견학을 보낸 뒤 집에 가서도 그대로 시행토록 했다.

불효자는 하루를 기거하면서 효자의 행동을 유심히 관찰했다. 효자는 밥상을 올리기 전에 국이 뜨겁지는 않은지, 반찬이 짜거나 맵지 않은지 먼저 맛을 본 후 부친에게 드렸다.

그리고 부친이 마실을 가려고 하면 자신이 먼저 나가 짚신을 신고 있다가 신발에 따뜻한 온기가 돈 다음에 부친이 신고 가도록 했다. 이

것을 본 불효자는 '아하 효도가 별 것 아니구나' 생각하며 집으로 돌아와 그대로 시행했다. 그러자 불효자의 부친은 버르장머리 없는 놈이 위아래도 모르고 먼저 먹는다면서 나무랐다. 짚신을 먼저 신어 따뜻하게 해놓자 멍청한 놈이 이제는 제 신발도 제대로 못 찾아 신는다고 혼을 냈다.

똑같은 행동이라도 받아들이는 부모 입장에서 보면 효도 되고 불효도 된다는 평범한 진리를 일깨워주는 이야기다. 부모를 잘 섬기는 것이 효다. 부모의 의사에 반한 행동은 아무리 남 보기 그럴듯해도 참 효가 아닌 것이다.

일전에 며칠 간격으로 극명하게 대비되는 기사가 눈에 띄었다.

하나는 지병으로 돌아가신 어머니께 약 한 첩 달여 드리지 못한 게 한이 되어 52년을 하루같이 상복을 입고 성묘를 하는 팔순 할아버지의 불효속죄 기사였다. 또 하나는 20대 청년이 부탄가스를 마시고 행패부리는 것을 어머니가 경찰에 신고한 데 앙심을 품고 어머니가 경영하는 식당에 자동차를 몰고 돌진했다는 기막힌 기사였다.

같은 시대를 살아가고 있지만 세월이 흐를수록 효에 대한 관념이 희박해지는 것 같아 마음이 편치 않다. 자라는 아이들에게 정철의 시조 한 수를 들려주고 싶다.

어버이 살아신 제 섬길 일란 다 하여라
지나간 후면 애닯다 어이 하리
평생에 고쳐 못할 일이 이뿐인가 하노라.

_08_
넓은 안목을 가지라

◉ 「매일경제신문」 I 1995. 5. 24. ◉

소탐대실(小貪大失). 작은 것을 탐하다가 큰 것을 잃는다는 이 말은 좌우명으로 많이 쓰고 있는 경구 중의 하나다. 사실 눈앞의 자잘한 이득을 취하려다가 더 크고 중요한 것을 잃는 경우를 주변에서 얼마든지 볼 수 있다.

크게 된 사람들의 일생을 살펴보면 모두가 큰 것을 위해서 작은 이익은 양보하거나 아예 염두에 두지 않았다. 그러나 말이야 쉽지 마음을 그렇게 쓰기는 그리 쉽지 않다.

중국 초나라에 자기가 애지중지 아끼던 활을 잃어버리고도 찾을 생각을 전혀 하지 않는 사람이 있었다. 이상히 여긴 이웃이 그 이유를 물어보았다. 이 사람의 대답은 이랬다.

"초나라 사람이 잃어버린 것을 초나라 사람이 주울 텐데 굳이 찾으려 할 까닭이 없다."

공자는 이 말을 듣고는 "초나라 사람이라는 말을 하지 말고 사람이 잃어버린 것을 사람이 주울 텐데 무슨 걱정이냐고 했으면 좋았을 것"이라고 말했다.

이에 노자는 한술 더 떠서 "사람이란 말까지도 떼어버리고 이 우주 안에 있으니 더 이상 마음 쓸 일이 없지 않겠느냐고 하는 것이 더 좋을 것"이라고 말했다.

한두 번쯤 들어 보았을 이 일화는 우리처럼 범상한 생활인에게는 가식적으로 들릴지 모른다. 오늘의 자본주의 사회도 애덤 스미스의 '보이지 않는 손'에 의한 경쟁원리를 통해서 성장, 발전해 나가고 있는 것이라면 적당한 욕심은 오히려 인류문화 발전에 활력소가 될 것이다. 다만 지나친 자기중심적 욕심은 타인뿐 아니라 종국에는 자기 자신에게까지도 득이 되지 못한다는 데 문제가 있다.

결국 나 하나의 이익에 눈을 돌리기에 앞서 좀더 넓게 눈을 들어봄으로써 내게 돌아오는 이득의 크기는 한층 더 클 수 있다는 점을 인식해야 한다. 국제화, 세계화란 바로 나 개인에게 국한된 소아적(小我的)인 안목에서 벗어나 세계인류적인 차원으로 시야를 넓혀나감으로써 나와 내 나라에게 보다 더 큰 득이 돌아올 수 있는 길을 찾자는 원리인 것이다.

_09_
미래를 위한 '휴먼웨어'

◉「동아일보」| 1997. 3. 21. ◉

세상은 빠르게 변하고 있다. 피터 드러커 교수는 "우리는 이미 '미래'에 살고 있다. 미래는 이미 현실이 되어 '현재'가 되었는데도 이 새로운 현재를 보지 못하고 있다"고 말했다. 이처럼 머릿속의 막연한 관념만으로 미래를 지향하지만, 개인의 행동양식이나 기업의 경영방식은 과거의 연속선상에 있지 않은지 스스로 반문해보아야 할 때다.

금융 산업도 예외는 아니다. 정보통신 산업의 발달로 공상과학 영화에서나 가능했던 PC뱅킹, 텔레뱅킹에 이어 사이버뱅크 시대가 도래했다. 점포망이라는 물리적 공간보다 전자 네트워크와 같은 통신공간, 가상공간이 큰 의미를 갖게 되었다. 또한 컴퓨터의 처리능력 확대는 금융공학의 비약적 발달과 파생상품의 광범위한 활용을 가능하게 하며 장차 금융 산업을 정보산업으로 바꾸어 놓을 것이다.

이러한 변화에 대응하기 위해 대부분의 은행들은 새로운 전자시스템을 도입하는 등 각종 '하드웨어'와 '소프트웨어'에 막대한 투자를 해오고 있다. 뿐만 아니라 투자공학을 활용해 각종 경제 변수를 예측하고 투자모델을 설계하는 투자공학팀, 산재한 데이터베이스를 효율적으로 관리하고 다가오는 네트워크 시대에 대비하여 이를 과학적으로 운영할 네트워크 관리팀 등 이전에는 없었던 새로운 조직을 만들어 곧 다가올 변화에 대비하고 있다. 또한 국제금융시장에서의 경쟁력 향상을 위한 각종 딜링, 특히 금융 파생상품거래의 발전에 따른 딜러육성을 위해 각 금융기관이 교육투자를 증액하고 있다.

그러나 이러한 경영시스템의 재구축 못지않게 시급한 과제는 이를 운용할 인력의 개발, 즉 '휴먼웨어'의 재창조다.

인간의 뇌는 약 1백억 개의 뉴런(신경세포단위)으로 구성되어 있는데, 우리는 죽을 때까지 뇌신경세포의 10%도 제대로 활용하지 못한다고 한다. 더구나 최근의 연구결과를 보면, 뉴런이 상호결합하여 상승 작용하면 더 많은 활용량이 생성되며, 이를 컴퓨터 기억용량인 비트(Bit)로 환산하면 실로 엄청나다고 한다. 가늠하기조차 어려운 수치다.

인간은 이처럼 엄청난 잠재력을 지니고 있다. 밖으로 드러나는 역량은 빙산의 일각도 되지 못할 것이다.

그렇다면 이렇듯 무한한 인간의 능력을 어떻게 발굴 육성할 것인가? 바로 여기에서 조직의 책임과 역할이 필요하다. 인재(人材)란 잘 훈련되고 다듬어지면 인재(人才)가 되지만 그렇지 않으면 인재(人災)가 되고 마는 사실을 우리는 역사에서 또 현재 주변에서 무수히 볼 수 있다.

'파킨슨의 법칙'으로 유명한 영국의 경영연구가 노스코트 파킨슨(Northcote Parkinson)은 기업의 수익이 떨어지면 감원을 통해 경비절감 정책을 쉽게 택하는 것을 보고 자신의 저서에서 이렇게 언급했다. "이는 대차대조표상에 인재의 자산계정이 물적 자산계정과 같이 수치로 표시되어 있지 않기 때문이다. 장기간에 걸쳐 지급한 급여는 경비인 동시에 귀중한 자산이라는 인식을 가져야 한다."

이제는 인적자원에 대한 회계의식이 필요하다. 단순히 양적회계보다는 주식처럼 시가(時價)회계가 필요하다. 시대상황에 필요한 자질을 얼마나 보유하고 있는지 스스로 평가해보고 이제부터라도 새로운 각오로 21세기 금융 산업에 필요한 '휴먼웨어', 즉 '창조적이며 자율적으로 국제경쟁에서 리더역할을 할 수 있는 인재' 양성에 더욱 과감한 투자를 시작해야 한다.

사람에 대한 투자는 조직 생존의 문제이며 새로운 세기에 대응할 수 있는 유일한 길이기 때문이다.

_10_
인생의 보물

◉ 「매일경제신문」 | 1995. 5. 30. ◉

버스요금이 20원 할 무렵이니까 꽤 오래 전 일이다. 어느 날 버스를 타고 가는데 안내양과 손님 간에 가벼운 마찰이 있었다. 독일인으로 추정되는 한 중년부인이 버스요금으로 1원짜리 동전 20개를 떨어지지 않도록 앞뒷면을 스카치테이프로 붙여 지불했다. 그러자 안내양이 떨떠름한 표정으로 받기를 망설였다. 독일인 부인은 "이 돈은 당신 나라 돈이 아니냐?"며 항의했다. 그때 옆에 앉아 있던 나이 드신 분이 빨리 받으라고 해 안내양이 동전을 받음으로써 사건은 일단락되었다.

독일인의 근검절약 정신은 학창시절부터 익히 들어왔지만 정말 알뜰한 국민이라는 걸 새삼 느낄 수 있었다. 그 시절의 어린아이들마저도 1원짜리 동전은 하찮게 여겼기 때문이다.

얼마 전 우리나라의 작년 저축률이 투자율을 밑돈다는 바람직스럽지 않은 통계가 나왔다. 우리나라와 경쟁관계에 있는 싱가포르나 대만은 저축률이 투자율을 웃돌고 있어 사뭇 대조적이다.

정책당국에서는 시의 적절하게 장기저축 상품개발, 금융기관 신뢰성 제고 등의 저축증대 방안을 내놓았다. 최근의 경기확장이 과소비로 번지지 않도록 하고 과소비로 몰리는 돈을 저축으로 돌려 생산자금화하려는 배려에서다. 또 한편으로는 국내 자금동원 능력을 늘리려는 목적이 있다. 저축이 투자를 따르지 못하면 결국 외국 빚을 쓸 수밖에 없기 때문이다.

어떤 이는 저축할 돈이 어디 있냐고 항변한다. 그러나 쓸 돈 다 써 버리면 저축은 요원할 뿐이다. 아침햇살이 온종일 비치는 것이 아니듯이 늙었을 때나 궁할 때를 대비해서 할 수 있을 때 절약해야 한다.

다산(茶山) 정약용 선생도 "백성을 사랑하는 근본은 재물을 절약해 쓰는 데 있으므로 검소하게 하는 것을 목민관 된 자가 가장 힘써야 할 일"이라고 했다. 사치는 허영을 불러 정신마저 피폐하게 하지만, 근검절약은 본인을 위할 뿐 아니라 국가에도 커다란 이익을 가져온다. 그러니 근검절약이야말로 값나가는 보석보다 더 귀한 인생의 보물이 아니겠는가.

_11_
가치 있는 도둑질

◉ 「매일경제신문」 | 1995. 6. 6. ◉

배움이란 열의와 끈기가 없으면 안 된다는 것은 예나 지금이나 변하지 않는 진리다. 어쩌면 가르치려는 사람보다도 배우려는 사람에게 열의와 끈기가 더 필요한 듯하다. 기를 쓰고 배우려는 자에게는 배움의 대상이 아님이 없을 것이기 때문이다.

옛날에 어느 훌륭한 스승 밑에서 열심히 배우려는 한 젊은이가 있었다. 그런데 스승은 제자를 가르칠 생각은 안하고 하루, 한 달, 일 년을 그날 그날 별 달리 하는 일 없이 헛된 세월만을 보내고 있었다. 젊은이는 애가 탈 수밖에 없었다. 이상한 것은 제자가 잠에 들 즈음해서는 스승 혼자 되돌아 앉아 몰래 아주 낡은 책을 등잔불에 비추어 보곤 하는 것이었다. 젊은 제자는 도대체 그게 무엇인지 하도 궁금해서 어느 날 자는 척하다가 가만히 일어나 그 책을 보려고 했다. 그러자 스승은 기겁을 하면서 얼른 그것을 감추는 것이었다. 그런 일이 있고 난 후에는 더 한층 조심하는 눈치였다. 제자는 그런 스승이 야속해서 길을 떠나기로 했다.

"네 뜻이 정 그렇다면 그렇게 하라"고 말하고는 스승은 떠나는 제자에게 "이것은 내 몸보다도 소중히 간직하던 것이니 가다가 내가 보이지 않거든 뜯어보라"며 봉투에 싼 것을 건네주었다. 제자는 한 고개를 넘어서자마자 얼른 뜯어보았다. 그것은 바로 제자가 그렇게 훔쳐보고 싶어 하던 낡은 책이었다. 책 속에 무슨 큰 비밀이라도 감추어져 있을 것으로 잔뜩 기대했으나 거기엔 이런 간단한 글귀만이 적혀 있을 뿐이었다.

"진리는 누가 네게 가르쳐주는 것이 아니다. 네 스스로 취해서 네 것으로 할 때만이 살아 숨 쉬는 지혜가 되느니."

그 순간 제자는 크게 깨닫고 즉시 스승이 있는 곳으로 큰 절을 올린 후 급히 되돌아갔다. 그러나 스승은 이미 숨을 거둔 후였다.

많은 무형문화재 보유자들이 후계자 없음을 한탄하고 있다. 무형문화재뿐 아니다. 국제경쟁시대에 남의 나라에 뒤지는 근본 요인인 기술이나 경영기법 등을 누가 가르쳐주지 않는다고 불만만 늘어놓고 앉아 있을 것이 아니다. 가르쳐주기 전에 나 스스로 목마르게 그 비결을 내 것으로 하려는 열의가 있어야 한다.

_12_
소신 결핍증

◉ 「매일경제신문」 | 1995. 6. 12. ◉

식사를 같이 하기 위해 만나면 대개 상대에게 "무얼 드시겠습니까?" 하고 묻게 된다. 그러면 으레 "아무거나 먹죠"라는 대답이 돌아온다. '아무거나' 라는 음식이 있으면 좋겠지만 참 막연한 답이 아닐 수 없다. 택시를 타도 마찬가지다. 기사가 "어느 길로 갈까요?" 하고 물으면 "아무 데나 빠른 데로 갑시다" 아니면 "알아서 가주세요"이다.

직장에서도 특별히 다르지 않은 것 같다. 상사가 부하직원의 의견을 구하면 대답은 "아무렇게나 하시죠"이다. 상대방의 의견을 존중하기 위해 물어보건만 의지가 전혀 담겨 있지 않은 답만을 듣게 된다. 그저 아무 생각 없이 남이 하는 대로 따르겠다는 것이다. 평소에 습관이 되어 있지 않아서인지 자기주장을 좀처럼 내세우지 못하는 것 같다. 기회를 주어도 스스로 포기해버리는 것이다. 자신이 제안하거나 입안을 했으면 누구보다 그 사안에 대해서 나름의 소신이 있을 텐데도, 결정적인 순간에는 "알아서 하시죠"라고 말한다. 물론 그 대답에는 최종 결재권자의 판단에 따르려는 뜻도 포함되어 있을 것이다. 하지만 소신이 부족한 것은 아닌가 하는 생각을 떨쳐버릴 수가 없다.

식당에 가면 먹을거리의 종류가 많듯이 은행에도 상품의 종류가 다양하다. 고객이 창구에서 목적에 맞는 예금을 상담해 올 때 "글쎄요" 한다든가 "다 좋으니 아무거나 하시죠"라고 대답한다면 고객이 그 은행과 거래하고 싶겠는가? "이런 이런 좋은 예금이 있습니다" 하고 자신 있게 권해야 고객도 신뢰감을 가질 수 있을 것이다. 무소신이 아니라 항상 고객의 입장에서 생각해야 한다. 고객의 마음을 읽지 못하면 이미 그 고객의 마음은 다른 데로 떠나버린다. 그리고 한번 떠난 고객을 다시 모시기란 하늘의 별따기만큼이나 어렵다. 이제는 고객만족을 넘어 고객감동을 시키는 시대다.

노먼 빈센트 필 박사는 이렇게 말했다. "사람들은 재주나 수단을 찾지만 가장 중요한 재주와 수단이 소신이라는 것을 모르고 있다. 소신이 강하면 그것으로 충분한 것이다."

소신을 갖고 패기 있게 일한다면 항상 더 나은 결과가 나올 것이다.

_13_
믿는 대로 된다

◉ 「매일경제신문」 | 1995. 6. 17. ◉

지금 세상에 남의 말을 곧이곧대로 듣고 그대로 따르려는 사람이 얼마나 있을까? 아무리 믿음이 가고 확신이 서는 경우라도 일단은 한번쯤 의심해 보고 앞뒤를 가려본 후 행하는 것이 오늘의 세태다. 무작정 믿고 따르는 것이 옳은지, 의심해보고 행하는 것이 옳은지는 상황에 따라 다를 것이다. 물론 확실히 하려는 의도라면 나쁘지 않지만, 남의 말이라면 일단 못 미더워하는 것은 문제가 아닐 수 없다.

중국 진(晋)나라에 상구개(商丘開)라는 순박한 농부가 있었다. 사람들은 그를 바보 취급하면서 놀려댔다. 상금을 줄 테니 위험한 곳에서 뛰어내리라고 하기도 하고, 거짓말로 깊은 물속에 보배 구슬이 있으니 꺼내오라고 물속에 집어 처넣기도 하고, 불이 난 집에 들어가 비단을 꺼내오면 그 반을 준다고도 했다. 그런데 이상하게도 상구개는 전혀 다치지 않을 뿐 아니라 없는 구슬도 물속에서 꺼내오고 비단도 거뜬히 꺼내오는 것이었다.

이에 사람들은 상구개를 도인으로 알고 그 비결을 물었다. 상구개는 이렇게 대답했다.

"나는 어떻게 그랬는지 모릅니다. 단지 여러분들의 말을 곧이곧대로 믿고 행동했을 뿐입니다. 지금까지의 일을 돌이켜볼 때 가슴이 두근거리고 몸이 후들후들 떨려옵니다. 앞으로는 두 번 다시 물이나 불 속에 뛰어들지 못할 것 같습니다."

공자의 제자인 재아(宰我)가 이 말을 듣고 스승에게 말하자 공자는 깊이 탄식하며 이렇게 말했다.

"남의 말을 그대로 믿어 조금도 의심을 품지 않는 사람은 하늘을 감동케 할 수 있는 법이다. 하늘과 땅도 움직일 수 있고 귀신도 감동케 하며 우주의 끝까지 가더라도 그를 방해하는 것은 없다. 상구개란 사람은 거짓을 진실로 믿고 행했음에도 아무 탈이 없었다. 하물며 참(眞)을 참으로 믿는 경우라면 말할 필요도 없을 것이다."

이제 우리는 선진경제에 진입해 있으나 한편으로는 나 중심의 개인주의가 자칫 인간적인 믿음을 경시하고 있는 것은 아닐까. 나만이 옳다는 아집의 성을 쌓고 남의 말에 귀 기울일 줄 모르는 세태가 된 것 같아 마음 한구석이 우울하다. 위의 예화를 한번 음미하고 되새겨 볼 필요가 있을 것이다.

_14_
질서는 편하고 아름답다

◉ 「매일경제신문」 | 1995. 6. 24. ◉

거리를 걷다보면 횡단보도 표시가 따로 있는데도 조금 편하려고 차도로 아이의 손을 잡고 무단횡단을 하는 어른들을 자주 본다. 이 아이들이 과연 무엇을 배우겠는가?

아이는 어른의 거울이라고 한다. 아이들은 어른이 하는 행동을 그대로 따라하기 때문이다. 사람이 많이 모이는 공원이나 식당 같은 공공장소에서 아이가 옆 사람에게 불편을 끼쳐도 야단치는 부모는 거의 없다. 야단을 치면 아이가 기가 죽는다는 이유에서이다.

예전에는 아이가 길을 가다가 돌부리에 걸려 넘어지면 어른들은 "누가 그랬어? 이 돌이 그랬지?" 하며 돌을 때리는 시늉을 하고 아이를 달랬다. 돌은 항상 그 자리에 있었을 뿐이고 넘어진 것은 아이의 불찰인데도 잘못을 아무 죄 없는 돌부리에게 뒤집어씌운다. 귀한 자식일수록 매를 아끼지 말라는 옛말이 새삼 떠오른다.

　우리는 "경제는 선진국 수준이지만 국민 질서의식은 후진국 수준" 이라는 자조 섞인 말을 자주 한다. 주변을 둘러보아도 무질서의 현장은 어디에서나 쉽게 볼 수 있다. 차를 타고 가다 보면 곡예하듯 이리저리 빠져나가는 차가 있고, 버스정류장에서도 버스가 도착하면 우르르 몰려가 서로 먼저 타려고 애를 쓴다. 그러나 상당히 빨리 갈 것처럼 보였던 차도 신호등에서 다시 만나게 되고, 남보다 먼저 탈 것처럼 보였던 사람도 질서를 지켜 줄 서서 타는 것에 비해 더 늦을 뿐이다.

　질서란 어찌 보면 하고 싶은데 못하게 하는, 또 하고 싶지 않은 것을 시키는 것으로 비춰질 수도 있다. 하지만 질서는 오랜 경험에 비춰 보면 편하고 아름다운 것이다. 대부분 사람들이 질서가 편하고 좋다는 것을 알면서도 행하지 않기에 문제가 발생한다. 남이야 어찌 됐든 나만을 생각하는 이기주의가 팽배하면 질서는 무너지게 마련이다.
　질서는 균형이다. 균형이 깨지면 혼란이 온다.
　이제는 어른이 먼저 솔선수범하자. 정신의 건전과 육체의 건강을 위해서라도.

_15_
'경제의 봄'은 저절로 오지 않는다

◉ 「동아일보」 | 1998. 4. 10. ◉

봄이다. 국제 통화기금(IMF)한파가 겹쳐 춥기만 했던 겨울도 지나고 거리에는 가벼운 옷차림의 젊음이 싱그럽다.

경제는 여전히 어렵지만 최악의 상황을 벗어나 수출이 늘고 외환보유고도 증가하고 있다. 다행이다.

우리를 바라보는 외국인들의 시각도 바뀌고 있다. 지난달 초순 단기외채연장과 외화자금 조달을 위해 싱가포르, 사우디아라비아, 바레인을 들렀을 때도 이러한 점을 느낄 수 있었다. 극심한 외환위기를 겪었던 지난해 말에 비해 외국 금융인들의 태도가 많이 변한 것이다.

한국에 대한 평가가 나아진 덕분에 주요 금융기관을 들러 우리나라와 우리 은행의 사정과 향후 계획을 설명하고 거래 활성화를 부탁했던 이번 출장은 소기의 성과를 거둘 수 있었다. 특히 외국 금융인들은 한국의 저력을 높이 평가했다.

그러나 그들은 한국의 이번 금융위기가 쉽게 진정되기는 어려울 것으로 보고 있었다. 싱가포르 4대 은행의 하나인 UOB(United Overseas Bank)의 황쭈야오(黃祖耀)회장은 "싱가포르도 63년과 74년, 80년대 초반에 불경기를 겪었지만 이번처럼 심각하지는 않았다. 앞으로 최소한 3년 이상의 고통스런 기간을 보내야 할 것 같다"고 말했다. 그는 경제위기가 동남아는 물론 일본까지 포함하고 있는데다 한국을 비롯한 경제 위기 당사국들의 외채 규모가 너무 커 원리금 상환 기간이 오래 걸릴 것이기 때문이라고 설명했다. 다른 사람들도 대개 같은 의견이었다.

그렇지만 그들은 우리나라만큼은 다른 나라와 다르다는 점을 강조했다. 무엇보다 전 국민이 참여한 '금 모으기 운동'에 깊은 감명을 받았다고 했다. 금 모으기 운동은 외국인들에게 한국인의 외채 상환의지가 확실하다는 인식을 심어줬다. 이역만리에서 우리 국민에 대한 찬사를 들으니 벅차오르는 감동을 느꼈다.

외채상환을 위한 온 국민의 노력에 우리 금융인이 기여할 수 있는 길은 무엇일까에 대해서도 궁리했다. 이달부터 우리 은행이 전개하고 있는 'IMF 경제위기 극복 3천만 저축운동'은 이런 배경에서 나왔.

국민 3천만 명이 한 사람당 1천 달러를 원화나 외화로 예금하면 약 3백억 달러를 모을 수 있다.

이 자금으로 중소기업을 지원함으로써 수출을 늘리고 경상수지 흑

자폭을 확대해 하루바삐 IMF 체제에서 졸업하자는 것이 이 운동의 취지다. 경제계와 언론계에서도 이 같은 구상을 실현하는 데 힘을 보태주어 한국방송공사와 한국경제신문, 대한상공회의소, 새마을운동 중앙협의회가 공동 주최하고 있다. 이 운동을 성공적으로 마치면 우리 경제도 IMF 체제를 조기에 졸업할 수 있는 기반을 마련하게 될 것이다.

그러나 최근 사회일각에서 되살아나는 과소비풍조는 이런 기대에 어두운 그림자를 드리우고 있다. 혹시 외국인들이 보내는 찬사와 한국의 미래에 대한 낙관적인 평가로 인해 섣부른 자만심부터 갖게 된 것은 아닌지 염려스럽다. 자만심은 버리되 한강의 기적을 이루어낸 저력을 자부심으로 간직하고 새로 시작하는 기분으로 모든 것을 추스를 때다.

춘래불사춘(春來不似春).

계절은 봄이지만 경제는 아직 봄이 오지 않았다. IMF라는 현실은 가혹하다. 지원조건도 이행하기 매우 힘든 게 사실이다. 그러나 우리의 잘못을 자성하는 한편 이를 지켜나가면서 우리 경제구조를 변혁한다면, 대한민국은 다시없는 재도약의 기회를 움켜잡을 수 있을 것이다.

_16_
다양성의 미학

◉ 「매일경제신문」 | 1995. 6. 30. ◉

보는 관점에 따라 약간의 차이가 있겠지만, 한 가지 나무만으로 이루어진 숲보다는 갖가지 나무와 풀이 한데 어우러진 숲이 더 아름답다. 아무리 잘 꾸며놓은 도시라도 야트막한 야산보다 아름답다고 할 수 없다. 도시를 걸으면 금방 피로해지는데 탁한 공기 때문이기도 하겠지만 변화가 없이 모두가 획일화되어 있기 때문이다. 가도 가도 비슷한 집과 도로, 가로수까지도 몇 개의 수종으로 제한해 놓았다.

그러나 자연은 다르다. 그 많은 산이 저만의 특성을 지니고 있다. 해변의 무수한 조약돌도 똑같이 생긴 것은 하나도 없다. 자연은 다양성을 수용하고 있기에 똑같은 두 개를 용납하지 않는다. 이 다양성이 바로 자연의 특징이며 아름다움이기도 하다. 다양성 속에서의 차원 높은 질서가 아름다움을 만들어내고 있는 것이다. 계절의 순환이 어지러운 듯해도 한 치의 오차도 없이 정연하다. 숲 속에는 온갖 동식물이 함께 뒤섞여 살고 있지만 질서에 따라 빈틈없이 완벽하다.

사회도 성숙되어 갈수록 다양성을 추구하고 있다. 사람마다 인성이 각양각색이며 이처럼 다양한 개개인의 취향을 가능한 한 많이 수용할 수 있는 사회가 더 살기 좋은 사회라 할 수 있기 때문이다. 케인스 경제학이 고전 경제학보다 진보했다고 여기는 이유는, 고전 경제학에서는 가정(假定)으로 묶어 놓았던 경제변수들을 많이 풀어놓아 경제주체들의 다양성을 그만큼 인정함으로써 더욱 현실에 가깝게 접근했기 때문이다. 고전 경제학자들이 획일적인 세계에서 합리적인 행동에 관심을 가진 반면 케인스는 좀더 다양한 세계에서 합리적인 행동에 관심을 가진 것이다.

회사나 어느 조직도 마찬가지다. 조직원 개개인의 다양한 창의적인 의견이 전체 조직 속에서 생산적으로 활발하게 발휘될 수 있을 때, 그 조직은 활성화되고 성장 발전할 수 있다. 다양성은 무질서와는 다르다. 무질서 속에서는 아름다움을 발견할 수 없다. 다양성은 획일성보다 높은 차원의 아름다움이다.

_17_
첫인상과 얼굴표정

◉「한국경제신문」| 1995. 9. 5. ◉

어느 서양인이 오랜 연구(?) 끝에 동양인 중에서 한국인을 구별하는 방법을 알아냈다고 한다. 거리를 오가는 사람 가운데 화난 듯한 얼굴을 하고 있는 사람이 한국 사람이라는 것을 언젠가 읽은 기억이 난다. 한번쯤 되새길 만한 이야기다.

신체 중에서 그 사람을 가장 잘 나타내고 있는 부분이 얼굴이라고 한다. 그래서 처음 만나는 사람에게 비쳐지는 첫인상은 무척 중요하다. 첫인상은 매우 강렬한 것이어서 사람들에게 오랫동안 기억되기 때문이다.

일설에 의하면 첫인상의 특징은 첫째, 일회성이지만 기억이 오래도록 남고 둘째, 7초 정도의 짧은 순간에 결정되며 마지막으로 본인의 의사와는 상관없이 일방적으로 결정된다고 한다.

부모에게 물려받은 타고난 생김새야 어쩔 수 없는 일이지만 얼굴 표정은 자신이 하기에 따라 얼마든지 바꿀 수 있다는 사실이 중요하다.

그러면 어떤 표정이 상대방에게 호감을 줄까?

웃는 얼굴이나 편안한 얼굴일 것이다. 인품이 훌륭한 사람들의 얼굴을 대하면 보는 이로 하여금 편안하고 온화함을 느낄 수 있다. 어린 아이를 바라보면 티 없이 맑은 얼굴이 평화롭기 그지없다.

사람의 얼굴은 곧 그 사람의 인격을 나타낸다고 한다. 마음을 밝게 가지면 그 사람의 얼굴은 아름답게 보이고 어두운 마음을 가지면 얼굴표정도 그렇게 될 것은 당연한 이치이기도 하다.

고객만족과 친절이 생명인 금융기관에 종사하는 사람들도 항상 좋은 표정을 짓기가 쉽지는 않을 것이다. 그러나 직업의식이 몸에 배어 있다면 그리 어려운 일은 아닐 성도 싶다.

언제나 고객에 대한 고마운 마음을 간직하고 고객의 입장에서 일을 한다면 우리를 찾아주는 고객들에게 편안함과 신뢰를 주는 얼굴표정이 자연스럽게 나오지 않겠는가.

먼저 나 자신의 표정부터 밝고 여유롭고 편안하게 바꾸어야겠다는 생각을 해본다.

_18_
작고도 쉬운 일

◉「한국경제신문」| 1995. 9. 12. ◉

알마 전 외국으로 이민 가 있는 친지를 만났다. 이런 저런 이야기를 나누다가, 최근 수년 사이에 세계 어느 대도시나 관광지에서도 한국인 단체 관광객을 많이 볼 수 있다는 말이 나왔다. 친지도 일부 한국 관광객이 외국에서 눈살을 찌푸리게 하는 일들을 말하면서, 그 가운데서도 제일 먼저 고쳤으면 하는 것을 얘기했다. 바로 공공장소, 호텔로비, 공항음식점 등에서 너무 큰 목소리로 말하며 떠들지 않았으면 한다는 것이었다. 외국인들에게 싸우는 것으로 오해받기 십상이고, 불필요하게 남의 주목을 받아 서로 불편을 끼치게 된다는 말이었다.

며칠 전에는 운전한 지 30년 가까이 되는 한 친구의 얘기를 들었다. 그는 요즈음 주차난과 교통 체증 등으로 인해 가급적 차를 가지고 나오지 않고 대중교통수단이나 택시를 이용하는 편인데 택시를 타면서 기사에게 특별히 부탁한다고 한다. 목적지까지 가는 동안 경적을 울리지 않고 전조등도 번쩍이지 않으면 요금을 후하게 지불하겠다는 것이다.

이 두 가지 이야기는 나도 쉽게 동감할 수 있었다. 이제 우리도 경제발전에 걸맞은 세계인으로서의 의식수준과 품위 있는 국민이 되기 위한 노력이 절실하다고 생각한다. 시민의식 수준의 향상은 바로 이같이 작고 쉬운 일부터 고쳐가는 것이 아니겠는가.

_19_
건강의 소중함

◉「한국경제신문」 | 1995. 9. 19. ◉

"건강은 건강할 때 지켜라."

누구나 알고 있는 지극히 평범한 이야기지만 바쁘게 살아가는 대부분의 현대인들은 이 중요한 진리를 잊고 있는 듯하다. 가정이 화목하려면 첫째 우환이 없어야 하듯, 사회가 건전하려면 국민이 건강해야 하는 것은 당연하다. 화목하던 집안에 중한 병자가 생기면 가족 구성원 모두 생활의 균형이 깨지고 웃음마저 잃어버리는 안타까운 현실을 주위에서 어렵지 않게 볼 수 있다. 마찬가지로 사회도 그 구성원이 건강하지 않으면 활력을 잃게 된다.

얼마 전 우리나라 국민 가운데 건강에 아무런 이상이 없는 사람은 절반이 조금 넘는 62.8%에 불과하다는 기사를 보고 충격을 받았다.

특히 50대의 경우 건강한 사람이 46.8%로 절반에도 미치지 못해 가장 건강상태가 나쁜 연령대로 꼽혔으며, 40대도 56%에 지나지 않아 4~50대의 건강이 위협받고 있는 것으로 나타났다.

건강하지 못하다는 것은 본인에게도 불행한 일이지만 국가적으로도 크나큰 손실이 아닐 수 없다. 본인의 힘으로도 어쩔 수 없거나 유전적인 이유로 건강치 못한 경우도 많지만, 자신에게 충실하지 않고 자기 몸을 소홀히 한 탓에 건강을 지키지 않는 경우도 분명 적지 않을 것이다.

현대 성인병의 세 가지 큰 요인은 스트레스, 운동부족, 비만이라고 한다. 본인이 조금만 지혜롭게 대처한다면 제거할 수 있는 요인들이라 생각된다. 그런데 이상하게도 사람들은 건강을 약에 의지하려는 경향을 보인다. 의사들은 가장 좋은 보약은 절도 있는 생활이라고 충고한다. 더불어 음식의 고른 섭취, 긴장해소, 적절한 휴식, 성취감을 맛볼 수 있는 긍정적인 사고야말로 무엇보다도 몸에 좋은 보약이다.

'무병(無病)이 장자(長者)'라는 우리 속담이 있듯이 건강이야말로 가장 확실하고 안심할 수 있는 재산이 아닌가 생각한다.

"건강한 몸을 가진 자 아니고는 조국에 충실한 자가 되기 어렵다. 좋은 아버지, 좋은 아들, 좋은 형제, 좋은 이웃이 되기 어렵기 때문이다"라는 페스탈로치의 말을 되새겨본다.

_20_
초대형 우량은행을 위하여!

◉ 「동아일보」 | 1998. 8. 7. ◉

"잘 살아보세"라는 한마디가 절실하게 피부에 와 닿던 시절, 나는 은행에 몸을 담았다. 이제 일선에서 물러나며 지난 시절을 돌아보니 40년 세월이 생생하게 떠오르며 감회에 젖는다.

그 시절 우리에게 세계 경제대국이라는 것은 어쩌면 환상이었다. 우리가 바란 것은 단지 배고프지 않고 사람답게 사는 소박한 바람이었을 것이다.

그러나 그 시절의 우리에게는 꿈이 있었다. '우리 자녀 세대는 자신들이 바라는 것을 세계무대에서 당당히 성취할 수 있는 여건을 우리 손으로 만들자' 는 것이었다. 그러기에 우리는 항상 '나' 보다 '우리' 가 먼저였고 '우리 회사' 가 먼저였으며 '나라와 민족' 은 그 모든 것에 우선하는 가치였다. 이러한 희생과 노력이 한국을 세계 11위의 경제대국으로 만들었던 것이다.

하지만 요즘은 이런 좋은 가치를 잃어버린 것 같다. 더 이상 가난이 문제가 아니라고 느끼게 되면서 우리는 '나라와 민족'보다는 '우리 회사'를, '우리'보다는 '나'를 먼저 생각하게 된 것이다. 나아가 '나'의 잘못을 정당화하기 위해 타인을 비방하고 질시하는 이기적인 생각들이 보편화된 것이 아닌가 하는 우려도 든다. 이 모든 것이 너무도 힘들었던 우리의 젊은 시절에 대한 보상심리라는 논리가 공허하게만 들리는 것은 왜일까.

지금 사람들의 입에 자주 오르내리는 단어 중의 하나가 구조조정일 것이다. 그 구조조정의 중심에 은행권이 있음은 언론보도의 빈도와 비중에서도 알 수 있으며 구조조정의 한 축에 은행 간 합병이 자리잡고 있을 것이다.

이미 발표된 바와 같이 7월 31일 상업은행과 한일은행이 온 국민 앞에 국내 최초로 자발적인 합병을 선언했다. 이번 합병은 혼사에 비유할 수 있다. 성장배경은 물론 현재 처지가 다른 양가가 논의 과정에서의 많은 어려움에도 불구하고 양보와 타협의 정신으로 혼약을 성사시킨 것이다. 그러나 어려움은 지금부터라 할 수 있다.

그동안의 기업이나 금융 기관 간 합병을 보면 외형상 물리적 합병은 이루었으나 이질적인 기업문화로 인해 진정한 의미의 화학적 합병을 이루지 못한 사례가 많다. 미국이나 일본의 예를 보더라도 우리와는 달라 주주권이 명확히 형성되어 있는데도 주도권 싸움을 벌이다 어렵게 이뤄놓은 합병을 공염불로 만드는 모습을 쉽게 찾아볼 수 있다.

우리나라 사람은 많은 모임에 참가하는 것을 큰 자랑거리로 여긴다. '학원에서 한 달을 수강하면 수강자들의 계모임이 하나 생긴다'는 우스갯소리도 있을 정도다. 이러한 분파주의 성향은 합병의 전도를 어둡게 만드는 복병이다.

합병과정에서 분파주의와 소아적 이해관계를 탈피하지 못한다면 불필요한 일에 에너지를 낭비하게 되고 일사불란한 조직력을 갖출 수 없게 된다. 특히 이번 두 은행 간 합병에는 정부지원이 불가피하게 뒤따르게 된다. 이제 사(私)기업이 아닌 국민의 은행이 되는 것이다. 온 국민의 시선과 기대에 부응하기 위해 두 은행과 소속직원들은 대승적인 자세로 스스로를 융화시켜 국민의 혈세가 헛되지 않도록 노력해야 한다.

빠른 시일 내에 합병 후 은행이 제대로 된 모습을 갖추고 안정적 자금 지원이 이루어져 한국 금융산업을 선도하면서 우리 경제의 활력을 회복시키는 촉매제가 되기를 기원한다.

_21_
올바른 의리

◉ 「한국경제신문」 | 1995. 9. 26. ◉

　　　　　　친한 친구 두 사람이 같이 먼 길을 가게 되었다. 험한 산길을 가야 하는 여행이었으므로 어려운 일이 생기면 서로 도울 수 있어 두 사람은 같이 가는 것을 다행으로 생각했다. 깊은 산길로 접어들자 아닌 게 아니라 큰 곰이 두 사람 앞에 나타났다. 한 사람은 혼자 재빨리 나무 위로 올라갔고 곰을 보지 못한 친구는 놀라서 기절하고 말았다. 곰은 죽은 사람은 건드리지 않는 짐승이어서 냄새만 맡고는 죽은 줄 알고 가버렸다. 나무 위에서 이 광경을 지켜본 친구가 내려와 물었다.
　"곰이 자네에게 뭐라고 이야기를 하는 것 같던데 대체 뭐라던가?"
　기절했던 친구는 이렇게 대답했다.
　"위급할 때 도와주지는 않고 혼자 나무 위로 도망간 의리 없는 친구하고는 같이 다니지 말라고 하더군."
 이 말을 들은 친구는 혼자 피한 것이 부끄러워 얼굴을 붉혔다.

 누구나 어렸을 때 한번쯤은 읽었을, 의리(義理)를 일깨워 주는 이솝 우화의 한 토막이다. 요즈음 사람들은 '의리' 하면 으레 뒷골목에서나 사용하는 단어쯤으로 치부하려는 경향이 있다. 그러나 의리란 사람으로서 지켜야 할 바른 도리, 혹은 사람과의 관계에 있어서 지켜야 할 바른 도리를 말한다. 말 그대로 사람이 살아가면서 마땅히 지켜야 할 바른 길인 것이다. 따라서 친한 친구일수록 의리가 깊어야 하고 뜻을 같이하는 사람에게도 더더욱 의리를 지켜야 한다.
 대의명분을 중요시했던 옛 어른들은 의리를 목숨보다 소중히 여겼다. 그런데도 날이 갈수록 의리를 지키는 것을 바보스럽게 생각하고 개인의 이익을 위해서는 의리를 헌신짝처럼 저버리는 세태가 되어가는 것 같아 안타까운 마음이 든다. 의리를 배반하는 것이 일시적으로 이익이 될지 모르지만 종내는 득이 되지 않는다.

 의리를 소중히 여기는 사회는 건강하고 정의로운 사회다.
 견리사의(見利思義)라 하여 자기에게 이익 되는 것을 보면 먼저 의리에 합당한가를 생각하라는 옛 성현의 가르침이 새삼 떠오르는 시대다.

_22_
나라 사랑의 첫걸음

◉「한국경제신문」| 1995. 10. 3. ◉

유구한 반만년 역사를 가진 우리나라도 일제강점기라는 불행한 시기를 겪었다. 건강을 잃었던 사람이 누구보다 건강의 소중함을 알듯이, 나라를 빼앗겨 본 경험이 있는 우리 국민은 그 어느 나라 국민보다 나라의 소중함을 깊이 간직하고 있다. 일찍이 도산 안창호 선생께서도 나라가 없고서는 일가(一家)와 일신(一身)이 있을 수 없다고 하지 않았던가.

나라라는 것은 단순히 내가 우연히 속해 있는 조직체가 아니다. 역사적인 필연에 의한 결과다. 또한 우리나라 헌법에도 명시되어 있듯, 민주국가에서는 국민이 나라의 주인이며 국민 이외에는 누구도 주인이 될 수 없다. 따라서 나라는 우리 모두의 것이므로 어느 누구도 독

점할 수 없는 것이다. 그렇지만 어느 누구도 무관심할 수가 없다.

"인간 최고의 도덕은 애국심"이라고 나폴레옹 1세는 말했지만 나라를 사랑하지 않는다고 나무라는 사람도 없고 나라사랑을 억지로 강요할 사람도 없다. 그러나 자기가 아끼는 물건을 소중하게 여기듯 나라의 주인 노릇을 올바르게 하려면 나라를 소중히 생각하고 사랑해야 한다.

누구에게나 충무공 이순신 장군처럼 나라를 지킨다거나 안중근 의사가 **빼앗긴** 나라를 찾으려 했던 것처럼 커다란 애국심을 바라는 시대는 아니다. 우선은 자기의 본분을 충실히 수행하는 마음 자세가 필요하다. 질서와 규범을 잘 지키는 작은 나라사랑부터 실천할 때다. 휴지 한 장 함부로 버리지 않고, 남이 길거리에 버린 담배꽁초 하나를 줍는 것도 나라 사랑의 첫 걸음이다.

금년은 광복 50주년의 뜻 깊은 해다. 나라를 사랑하는 우리의 마음 마음이 모아져서 민족의 염원인 통일이 이룩되고 나아가 통일한국의 밝은 미래의 초석이 되었으면 하는 바람이다.

_23_
잃어버린 기회는 다시 오지 않는다

◉ 「한국경제신문」 | 1995. 10. 10. ◉

9회말 2사 만루 상황, 이때 타석에 들어설 차례가 된 사람은 어떤 마음일까. 생각하기에 따라 좋은 기회가 될 수도 있고 위기일 수도 있다. '하필이면 재수 없이 이때 내 차례가 왔다'고 생각하는 사람에게 좋은 결과를 기대하기는 어렵다. 이미 마음 자세에서 승부가 갈라졌기 때문이다. 그러나 '내 능력을 발휘할 수 있는 절호의 기회'라고 생각한 사람한테는 좋은 결과를 예상할 수 있다. 자신감이 넘치는 긍정적인 사고는 능력의 극대화를 이룰 수 있기 때문이다.

현대 경영의 신화적인 존재라고까지 일컬어지는 아이아코카는 고작 연봉 1달러에 크라이슬러사의 사장 자리를 맡아 초인적인 노력과 비상한 경영능력으로 쓰러져 가던 크라이슬러사를 일으켜 세웠다. 위기를 기회로 알고 그 기회를 놓치지 않은 훌륭한 본보기라 할 수 있다.

"마음을 두지 않으면 보아도 보이지 않고, 들어도 들리지 않으며, 먹어도 그 맛을 모른다."

《대학(大學)》에 나오는 한 구절이다. 자신은 분명 능력이 있는데 기회가 주어지지 않아서 제대로 능력 발휘를 못한다고 불평하는 사람이 참 많다. 그러나 '지금이 기회'라고 친절하게 표지판이 붙어 있는 경우는 지극히 드물다. 누가 보아도 '이게 기회구나'라고 알 수 있다면 그것은 이미 기회가 아니다.

기회는 저절로 찾아오는 것은 아니다. 자기 스스로 찾아내야 한다. 현명한 사람은 단지 기회를 찾아내는 데서 그치지 않고 더욱 많은 기회를 자기 힘으로 만들어낸다. 때는 얻기 어렵고 잃기는 쉽다고 했다. 원님 행차 뒤에 나팔을 불어봤자 아무런 소용이 없는 것이다.

당나라 태종 이세민의 어머니 두씨 부인이 남긴 유언은 시사하는 바가 크다. "봄은 누가 부르지 않아도 찾아온다. 그러나 봄이 왔는지도 모르는 사람에게는 봄이 찾아오지 않는다." 간단하지만 의미심장한 유언이다.

기회는 모든 사람에게 찾아오지만 그것을 잘 활용하는 사람은 소수에 지나지 않는다. 잃어버린 기회는 두 번 다시 찾아오지 않으며 후회해도 이미 늦고 만다. 미래의 새로운 가능성을 추구하고 이를 실현시켜 가는 기회를 개발하는 사람만이 좋은 결과를 만들어낼 수 있다.

_24_
문화의 중요성

◉ 「한국경제신문」 | 1995. 10. 17. ◉

문화는 인류에게만 해당되는 말이다. 문명과 문화는 인간의 삶을 풍요롭고 아름답게 향상시킨다. 삶의 질을 말하는 데는 경제발전 못지않게 문화적 수준이 그 잣대가 되는 것은 당연하다.

그런데 요즈음 문화라는 말이 너무 많이 오·남용되고 있다는 생각이 든다. 극단적인 예로 퇴폐문화, 향락문화라는 말까지 예사롭게 쓰이고 있다. 경제성장과 문화발전의 관계는 어떤 것일지 생각하게 되는 요즈음 세태이기도 하다.

한국동란 무렵 60여 달러였던 1인당 국민소득이 1만 달러를 넘어서게 되었다고 해서 우리의 문화수준도 그렇게 높아졌을까? 요즈음 매스컴의 사회면을 대하면 오히려 그 반대일 수도 있다는 걱정이 자주 든다.

현대 사회에서 상품을 수출한다는 것은 자국의 문화를 파는 것과 같다. 세계시장에서 팔리는 물건에는 자신들의 고유한 문화를 담아야 한다는 시대에 우리는 살고 있다.

잘못 전해져온 외래문화의 범람 속에서 우리의 전통가치와 정서를 지키는 일은 물론 우리 문화가 보편성과 세계성을 갖도록 가꾸어 가는 일이 시급하다고 생각한다.

경제발전이 되고 나서 문화수준이 향상되는 것이 아니다. 일정 수준의 문화수준이 없이는 더 이상의 경제발전과 수출경쟁력도 갖기 힘든 것이 현실이다.

_25_
조직체의 눈

◉ 「한국경제신문」 | 1995. 10. 24. ◉

오늘날 우리는 싫건 좋건, 자의건 타의건 간에 조직의 일원으로서 살고 있다. 유치원부터 학교생활을 거쳐 사회에 나와 직장생활을 할 때까지, 아니 정년퇴임을 하고서도 동창이나 친목단체 등에 이르기까지 조직원으로서 살고 있는 것이다.

특히 인생의 중요한 시기를 보내는 직장은 나의 삶을 결정짓는 중요한 조직체이다. 경제적인 급부를 받아내는 것 이외에도 나의 인생관과 삶의 가치를 실현시킬 수 있는 곳이기도 하다. 사람을 평가할 때 어느 직장에서 어떻게 일했는지는 매우 중요하다. 그 사람의 외적인 삶의 모습을 상징적으로 대신해 주는 곳이 직장이라고 볼 수 있다.

일이 잘되거나 잘되지 않을 때 흔히 우리는 '인과응보'라고 말한다. 심은 대로 거두고 준 대로 받으며 일한 대로 결과가 나온다는 말이다. "콩 심은 데 콩 나고 팥 심은 데 팥 난다" 혹은 "가는 말이 고와야 오는 말이 곱다"는 우리네 속담도 모두 같은 뜻이다. 세상은 잘 짜인 그물과 같아서 한곳도 허술한 데가 없다고 한다. '내가 잘못해도 누가 보지 않으니 괜찮겠지' 하고 생각할 때도 하늘이 보고 땅이 보고 있다.

직장과 나의 관계도 예외는 아니다. 내가 하는 만큼 직장도 내게 보답한다. 애정을 지니고 열심히 일하면 직장도 내게 그에 해당하는 보수와 명예와 직위를 부여해준다. 같은 직장 내에서도 불평불만만 늘어놓는 사람이 있다. '나는 할 만큼 했는데 왜 이런 대접밖에 못 받느냐'고 투정만 하는 사람이 있다. 이런 사람의 마음속에는 십중팔구 직장에 대한 부정적인 시각이 그림자처럼 잠재해 있음을 알 수 있다.

마지못해서, 성의 없게 하는 일이 좋은 성과를 거둘 수 없음은 물론 그 마음씀씀이는 금방 자신에게로 되돌아오게 되어 있다. 그런 불만을 아무리 합리화 해보았자 소용없다. 나의 위치와 평가는 바로 나 스스로 만들어낸 결과일 뿐, 그 이상도 이하도 아니라는 사실을 솔직히 인정하지 않는 사람은 더 이상의 발전을 기대할 수 없다.

직장은 하나의 유기적인 인격체라는 생각을 갖는 마음 자세가 필요하다. 비록 사람처럼 눈과 귀는 없어도, 직장이라는 조직체는 한 사람 한 사람 모두에게 공평한 평가의 눈길을 보내고 있음을 알아야 한다.

_26_
마지막에 웃어라

◉ 「한국경제신문」 | 1995. 10. 31. ◉

'바르셀로나 올림픽' 하면 떠오르는 인물이 있다. 몬주익 언덕에서 일본선수를 따돌리고 힘차게 질주하여 국민들에게 커다란 감동을 주었던 마라톤의 황영조 선수다. 시상대에 올라선 자랑스러운 황영조 선수의 모습을 아직도 생생하게 기억하는 사람들이 있을 것이다. 그러나 대부분의 사람들은 그런 영광을 얻기 위해서 그가 피나는 노력과 엄청난 양의 땀을 흘렸다는 사실은 정작 간과하는 듯하다.

인생은 흔히 길에 비유된다. 가다보면 항상 곧고 평탄한 길만 있는 것은 아니다. 오르막이 있는가 하면 움푹 파진 진흙탕도 있고, 예상치도 못한 냇물이 앞을 가로막기도 한다. 황영조 선수가 훈련이 힘들다고 해서 중도에 포기해 버렸다면 올림픽 금메달의 영광은 생각할 수 없었을 것이다. 마찬가지로, 길을 가다가 힘들다고 해서 멈춰 서버린다면 가고자 하는 목적지에 도달할 수 없다.

오르막길이 있으면 내리막이 있듯이 괴로움을 참아야 즐거움을 얻는다. 어려움을 참아야 쉬운 것이 있고, 실패를 참아야 성공을 거둘 수 있다. 혼신의 힘을 다해 이루어 놓은 것이 하루아침에 무너져 내렸을 때, 많은 사람들이 그 참담함에 절망하기 쉽다. 그러나 그 자리에서 주저앉아 버린다면 인생은 거기에서 끝나 버리지만, 실패를 거울삼아 다시 노력하면 얼마든지 더 좋은 결과를 이루어 낼 수 있다.

어린아이는 쓰러지고 또 쓰러지고, 그리고 또 쓰러져도 걸을 수 있는 그날까지 계속 노력하여 결국에는 걸음을 떼게 된다. 우리도 마찬가지다. 인생의 목표를 향해 나아갈 때 어린아이의 이러한 인내와 정신집중을 자기 것으로 삼는다면 무슨 일이든 못해낼 것이 없다고 생각한다.

칠전팔기(七顚八起)란 말이 있듯이 마지막 한번은 반드시 일어서야 한다. 그렇게 일어서기 위해서는 피나는 노력이 있어야 한다.

마지막에 웃는 자가 진정한 승리자다.

_27_
질서와 규범

◉「서울경제신문」| 1996. 11. 7. ◉

자기 자식 귀엽지 않은 부모가 세상 어디에 있겠느냐만, 우리나라 사람들의 자식사랑은 유별난 것 같다. 그 유별난 애착이 교육열로 발전하여 우리 경제성장의 밑바탕으로 작용하기도 했다.

물론 과외열풍이나 학원 사교육 같은 부작용도 있지만 전 국민의 교육열이 경제성장을 이끌어온 것은 엄연한 사실이다. 그러니까 OECD 가입의 원인(遠因)도 자식사랑에 있는 셈이다.

최근 경제 전망은 어두운 것으로 나타나고 있지만 근본적으로 우리의 앞날은 밝다고 확신한다. 우리나라 사람들의 제 자식 아끼는 마음이 계속되는 한 사회도 더욱 나아질 것으로 믿기 때문이다.

문제는 질(質)에 있다. 적어도 OECD 회원국 수준에 걸맞은 자식사랑이 필요하다.

　얼마 전 주말의 고속도로에서 우리의 부끄러운 자화상을 목격한 적이 있다. 거북이걸음으로 가고 있는 바로 옆 차선 차에는 30대 중반으로 보이는 남자가 가족들과 함께 어디론가 가고 있는 모습이 보기 좋았다. 젊은 가장이 가족과 함께하는 주말 나들이를 보면서 일에만 파묻혀 지냈던 옛 시절이 생각나 부럽기까지 했다.
　하지만 교통체증을 잊을 만큼 좋았던 기분은 오래가지 않았다. 멀쩡한 차내 재떨이를 두고 담뱃재와 꽁초를 창밖으로 던지고 빈틈만 생기면 이리저리 끼어드는 그 남자의 모습에서 불쾌감까지 일었다. 뒷자리에 앉아 있던 어린 자식들은 아버지의 모습에서 무엇을 배웠을까? 모로 가도 서울만 가면 된다는 발상은 이제 바뀌어야 한다. 자기 편의만을 위하여 무질서를 마다않는 환경 속에서 자라난 어린아이들이 장차 어떤 인간이 되겠는가.
　우리 경제가 고속도로에서 만난 젊은 가장처럼, 자가용으로 주말 나들이를 즐길 만한 부와 여유가 있더라도 질서와 규범을 지키지 않는다면 세계인의 눈에는 근본 없는 졸부로만 비춰질 뿐이다.

　가정에서 사회에서 내 자식이 잘되기를 바라는 부모의 마음처럼 우리를 스스로 가다듬을 때다. 개인의 자기성찰과 수양, 사회질서와 규범이 곧 경쟁력의 근간이기 때문이다. 제대로 된 자식사랑은 사회 전체의 밝은 미래를 낳게 하는 산실이다.

_28_
사물놀이

◉ 「서울경제신문」 | 1996. 12. 24. ◉

　　　　　　사람들은 가슴 뭉클한 감동을 받으면 굳이 말을 하지 않아도 서로 마음이 통한다고 한다. 얼마 전 한국·우크라이나 친선 협회 창립총회에 참가했을 때 그런 느낌을 받았다. 공식행사 후 민속 공연으로 행사가 마무리되었는데 그중에서 사물놀이는 단연 압권이었다. 헤드테이블에 앉아 있던 우크라이나 대통령 내외마저 내내 어깻짓을 하며 가락에 맞춰 흥을 감추지 않았다. 참가했던 모든 사람의 가슴을 흥과 신명으로 가득 채운 자리였다.

　　사물놀이는 꽹과리, 징, 북, 장구 등 네 개의 타악기만으로 연주하는 풍물놀이다. 어찌 보면 단순한 타악기 연주 정도로 생각할 수도 있다. 그러나 우리의 사물놀이는 자연의 소리와 사람의 혼이 만나 한데 어우러지며 풀어내는 소리다. 사물놀이 예찬론자들은 꽹과리를 천둥과 번개에, 장구를 비에, 북을 구름에, 징을 바람에 비유한다. 천둥, 번개와 비, 구름, 바람이 부딪쳐 어우러지며 토해내는 소리가 사물놀이라는 설명이다.

음악은 인류 공통의 언어라는 말이 있듯이 인종도 초월하는 것 같다. 한 달 전쯤 방글라데시 다카지점 오프닝 리셉션을 주재하고 일정상 태국에서 하루를 머물렀다. 거기서도 우연히 구미 공단에 위치한 회사의 직원으로 구성된 사물놀이 팀의 공연을 보았다. 물론 그 자리도 태국인과 한국인들이 하나 된, 신명나는 판이었다.

지금 우리 경제는 어렵지만 새의 가벼운 날개가 무거운 몸을 날게 하듯이, 아무리 조그만 힘이라도 모두 한마음이 되어 힘을 합하면 어떤 어려움이라도 충분히 극복할 수 있을 것이다.

사물놀이 공연장에서 모두 한마음으로 어우러졌던 감동이 우리 국민 모두에게 전해졌으면 하는 바람이다. 그래서 봄 날씨에 얼음 녹듯 어려운 경제가 기지개를 켜, 모든 사람이 신명나는 어깻짓을 절로 하게 되기를 경제인의 한 사람으로서 간절히 기원해본다.

_29_
가상은행

◉「서울경제신문」 ❘ 1996. 11. 14. ◉

로켓이란 단어가 처음 공상소설에 등장했을 때만 해도 사람들은 그저 소설 속에서나 존재하는 것으로 여겼다. 그러나 지금은 그 로켓을 타고 달나라뿐 아니라 우주 여기저기를 누비는 시대가 되었다.

이제 은행계에서도 상상 속에서나 가능했던 '가상은행'이 컴퓨터 산업의 발달로 멀지 않은 장래에 현실로 다가올 듯하다. 가까운 일본만 해도 그곳 도시은행 중 하나가 벌써 작년 10월에 가상점포를 개설했다는 소식이다. 현재는 은행의 홍보수준을 벗어나지 못하고 있지만 가까운 장래에 일반화 될 수 있으리라는 전망이다.

가상은행이란 말 그대로 컴퓨터 한 대만 있으면 은행에 가지 않고도 모든 은행 업무를 집에서 처리할 수 있는 영업 시스템이다. 24시간 이용이 가능하고 연중무휴로 이용할 수 있다.

우리나라도 그동안 고객의 편의를 위해 부단히 서비스를 개선, 개발하여 이제는 간단한 은행업무나 소액대출 정도는 전화 다이얼만 조작하면 은행원과 말 한마디 나누지 않고도 가능하게 되었지만, 아직까지 대부분의 업무는 은행에 나와야만 처리할 수 있는 현실에 비추어 보면 가상은행은 가히 미래의 은행이라 하겠다.

탄탄한 컴퓨터 마인드로 무장한 은행원과 가장 효율적인 전산 시스템을 갖춘 은행만이 새로운 세기의 리딩뱅크가 될 것은 분명하다.

그러나 한 가지 간과해서는 안 될 중요한 문제가 있다. 바로 컴퓨터 '해커'에 대한 충분한 대비책을 마련한 후에야 비로소 가상은행을 생각해야 한다는 것이다.

은행이란 고객의 소중한 재산을 맡아 관리하기 때문에 추호의 착오나 잘못이 용납되지 않는다. 어설프게 앞서 가야만 한다는 생각만으로 소 잃고 외양간 고치는 우를 범해서는 안 될 것이다.

_30_
元亨利貞

◉ 「서울경제신문」 I 1996. 11. 21. ◉

거의 적도(赤道)에 위치한 싱가포르에서 근무하고 돌아온 직원에게서 계절에 관한 이야기를 들었다. 그곳에도 2계절이 있다고 한다. 즉 '더운 계절' 과 '아주 더운 계절'(4~7월)이 있다는 것이다. 물론 재미있으라고 하는 우스갯소리다. 사시사철 여름 속에서 3~4년을 살고 오면 그야말로 여름을 12~16번을 계속 살았던 셈이다.

이런 이야기를 들으면 우리나라가 얼마나 살기 좋은 나라인지 알 수 있다. 봄, 여름, 가을, 겨울 사계절이 분명한 곳에서 사는 것은 행복이다. 봄에는 새싹이 나고 여름에는 녹음이 무성해지며 가을에는 열매 맺고 겨울에는 새봄을 위해 모든 것을 정리하는 사계절. 어떻게 보면 우리네 인생이 이렇고, 우주의 천리(天理) 또한 이렇다고 본다.

그래서 예부터 중국에서는 이 사계절이 천리의 네 가지 원리로서 사물의 근본이나 도리를 뜻했다. 이 도리를 다른 말로는 인의예지(仁·義·禮·智)로 표시하며 네 가지 덕(四德)이라고 부른다.

이 원형이정(元亨利貞)을 하루에 대입하여 보면 아침·낮·저녁·밤이 될 수 있어서 하루를 어떻게 보내야 하는지 그 속에 답이 있다.

또한 이를 인생에 대입해보면 태어나서 20세까지는 인생의 봄인 원(元), 20세에서 40세를 여름인 형(亨), 40세에서 60세까지를 가을인 이(利), 60세에서 80세를 겨울인 정(貞)이라고 볼 수 있을 것 같다.

자기가 지금 어느 철에 속해 있는지 생각해보고 거기에 알맞게 행하며 사는 것이 무리도 없고 인생의 이치에도 맞을 것이다.

많은 경제적 풍요를 누리고 있는 요즈음의 우리 사회는 이와 반대로 가기 때문에 사회의 기초질서가 어지러워지고 도덕적으로도 황폐해가지 않나 하는 우려가 든다. 공업화를 추진한 지 불과 30여년 만에 1인당 국민소득 1만 달러를 이룩하고 경제협력개발기구(OECD)라는 '선진국 클럽'에 가입하게 된 점은 참으로 자랑스러운 일이다. 그러나 사람들이 인간의 도리를 다하지 못하고 서로 시기하고 더불어 사는 지혜가 없다면 무슨 의미가 있겠는가?

조상 때부터 자랑해온 '동방예의지국(東方禮義之國)'의 모습을 되찾고 국제사회에서도 아무런 부끄러움이 없게 될 때 그야말로 진정한 '선진국'이 될 수 있을 것이다.

앞에서 말한 네 가지 우리 고유의 덕목을 기초로 원형이정대로 사는 것이 진정한 선진국으로 진입하는 지름길이라고 생각한다.

_31_
일석삼조

◉ 「서울경제신문」 | 1996. 11. 28. ◉

최근 텔레비전 뉴스에서 우리 국민들이 먹고 남기는 음식물 쓰레기가 연간 8조원, 차량증가로 인해 도로에서 사라지는 물류비용 손실이 해마다 9조원에 달한다는 내용을 보았다. 여기에 음식물 쓰레기 처리 비용, 차량 배기가스로 인한 환경피해까지 감안한다면 도로와 식탁에서 사라지는 국부(國富)는 실로 엄청난 금액일 것이다.

경부고속철도 총사업비가 약 10조 7천억 원 정도인 것과 비교할 때 고속도로와 지하철을 건설하고 수백 개의 교육시설을 확충할 수 있을 만한 돈이 경제적 파급효과 없이 그냥 사라진다는 사실은 큰 충격이었다.

얼마 전 잘 아는 중소기업체 사장을 만났다. 그는 미국과 일본에 첫

수출을 하면서 오히려 신용을 잃게 되었다고 하소연했다. 이유인즉 화물차가 자주 고속도로에서 지체하는데다가 항만적체로 인해 선적 기일을 맞추지 못했다는 것이다. 지금까지 신기술 개발과 해외 마케팅 등으로 수년간 쌓아 올린 노력이 한꺼번에 무너지는 느낌이었단다. 다행히 뛰어난 기술력을 인정받고 있었던 터라 다시 거래는 할 수 있었지만 첫 거래의 실수 때문에 다음 거래에서 불리한 조건을 감수하지 않을 수 없었다.

그렇지만 거꾸로 생각해 보면 오히려 우리경제의 미래는 밝을 수도 있겠다고 자위하기도 한다.
고속도로를 메울 정도로 차가 많고 음식물을 쉽게 버릴 정도로 부를 형성하였으니, 이제 몇 가지 낭비요인만 제거한다면 경쟁력을 회복할 수 있지 않겠는가.
논리적 비약이 될지 모르겠으나 적게 먹고 차 적게 타며 많이 걸으면 건강에도 좋고 가계(家計)도 튼튼해지며 국가경쟁력도 회복되니 일석삼조(一石三鳥)가 될 것 아닌가.

국가경쟁력 회복의 길은 먼 곳에 있지 않다고 생각한다. 국가경제의 구조조정 등 거창한 정책보다 먼저 각 가정의 조촐한 식단, 검소한 의식주 등 일상사의 작고 쉬운 일부터 바로 잡을 수 있을 때 우리의 경쟁력은 되살아날 수 있다고 믿는다.

_32_
몽골의 대초원

◉「서울경제신문」 | 1996. 12. 5. ◉

지난해 몽골을 방문했을 때 그 나라 중앙은행 총재가 시장경제와 금융업무에 관한 연수를 요청하기에 협조하기로 했다. 다만 연수를 하되 우리 직원들을 그곳으로 파견하여 연수를 하겠다는 뜻을 전했다. 기왕이면 우리 직원들의 연수도 겸하고 싶은 마음 때문이었다.

그래서 직원 10명을 몽골에 파견했다. 몽골중앙은행 직원 10명과 재무부 및 수출입은행 10명 등을 포함한 30명 연수단의 워크숍 장소는 몽골의 수도 울란바토르에서 트럭으로 26시간을 더 가야 하는 내륙 고비사막의 한가운데인 '만달고비'였다.

여직원도 포함되어 있었던 합동연수단에 닥친 장애는 생각보다 훨씬 컸다. 차량으로 이동 도중 펑크가 세 번 발생해 노숙을 해야 했다.

우리의 금융지식을 전달하면서 느끼는 보람과 의미는 매우 컸다. 오른쪽은 몽골 자스라이 총리, 왼쪽은 몽골중앙은행 몰람잠스 총재.

몽골의 전통 천막인 겔(학생시절 '빠오'라고 배웠다)을 치며 고락을 함께 나눈 양국의 젊은이 30명은 휴가도 함께 가겠다고 나설 만큼 친해졌다. 끝없이 펼쳐지는 몽골 대초원에서 길을 잃어 별을 바라보고 방향을 찾고, 사막 가운데서 노숙했다는 직원들의 출장보고서는 그동안 우리 직원들이 해왔던 해외연수 보고서와는 전혀 다른 생생한 경험이 녹아 있었다.

몽골 대초원에서의 소중한 경험은 이듬해 중국 인민은행 및 상공은행과의 현지 합동연수와 베트남 현지연수로 이어지기도 했다.

돌이켜보면 우리나라도 불과 몇십년 전만 해도 여러 기술을 습득하기 위해 미국, 일본 같은 선진국에 연수생을 보내려고 구걸하다시피 교섭했던 기억이 있다.

이제 1인당 국민소득이 1만 달러를 넘고, OECD에 가입했으며, 우리보다 개발이 늦은 나라 사람들을 조금이나마 가르쳐 줄 수 있는 위치에 서게 되었다는 사실에 가슴 뿌듯함을 느낀다.

한때 세계를 재패했던 칭기즈칸의 나라, 국토면적이 156만 6,500km²로 우리 한반도의 7배이면서 인구는 250만 명이며 이중의 대부분이 아직도 유목민인 이 내륙국의 끝없는 초원에도 경제개발의 의욕이 넘치고 있다. 우리를 배우고 뒤쫓아오려는 깊은 관심과 노력을 보이고 있다.

수십여 년 전, 춥고 배고팠던 시절을 되새기며 보다 밝은 내일을 맞이하기 위해 분발해야겠다.

_33_
새해를 위한 마무리

◉ 「서울경제신문」 | 1996. 12. 18. ◉

12월은 매우 바쁜 달이다. 일 년을 정리하고 신년 맞을 준비를 해야 하기 때문이다.

일본에서는 12월을 다른 이름으로 '시와스(師走)'라고 부른다. 글자 그대로 선생님도 뛴다는 뜻이다. 점잖아야 할 선생님이 오죽 바쁘면 뛰겠는가. 바쁘기만 한 것이 아니고 추운 날씨 속에서도 동창회다, 송년회다 하며 술 마실 기회도 많아 자칫하면 건강을 잃기 쉽다.

얼마 전 모 일간지에서 30대 과로사에 대해 지면을 크게 할애하여 소개했다. 세계보건기구(WHO) 자료에 따르면 우리나라의 30대 사망률은 헝가리, 폴란드에 이어 세계 3위라고 한다. 한참 일할 나이의 인재들을 잃는 것은 국가적으로 큰 손실이 아닐 수 없다.

현대인의 질병 원인 중 가장 큰 요인으로 과로와 스트레스를 꼽는다. 현대인치고 스트레스가 없는 사람은 없겠지만 지혜로운 대처가 필요하다. 스트레스를 받지 않고 생활하는 것이 가장 좋겠지만 말처럼 쉬운 일이 아니다.

전문가의 견해에 따르면 정신적 과로의 경우 휴식과 수면만으로는 스트레스를 완전히 해소하기 힘들다고 한다. 적당하게 땀을 흘릴 수 있는 하루 30분 정도의 운동과 절제 있는 생활습관이 꼭 필요하다는 충고다. 경험에 비추어 보아도 긍정적인 사고와 적당한 운동이 최상이라고 생각한다. 다만 알면서도 실행하지 않는 것이 문제다.

어수선한 연말, 모두가 각종 모임에 정신없이 쫓아다니면서 몸과 정신이 피로해지는 상태를 올해부터는 없애보자는 생각이 간절하다.

더욱이 12월은 개인이든 조직이든 총 결산의 달이다. 개인적으로는 연초에 세워 두었던 계획을 마무리해야 하는 달이고 기업도 한해의 성과를 결산해야 하는 달이다.

얼마 남지 않은 한해를 우리 모두 건강하고 산뜻하게 마무리하고 새해를 위한 준비를 해야 하지 않겠는가.

_34_
꿈이 있는 미래를 위해 도전하라

◉ 「주변인의 길」| 제104호, 1996. 9. ◉

'청춘! 이는 듣기만 하여도 가슴이 설레는 말이다. 청춘! 너의 두 손을 가슴에 대고 물방아 같은 심장의 고동을 들어보라. 청춘의 피는 끓는다. 끓는 피에 뛰노는 심장은 거선의 기관같이 힘 있다. 이것이다. 인류의 역사를 꾸며 내려온 동력은 꼭 이것이다.'

학창 시절 감동 받았던 민태원님의 수필 〈청춘예찬〉의 한 구절이다. 학창 시절은 청춘기다. 지금 생각해도 그 시절이 인생의 황금기였으며 가장 소중한 선물을 내게 주었던 시기였다.

고등학교 1학년 때 처음 맞는 독일어 시간이었다. 담당 선생님은 우리에게 "이 세상에서 가장 불쌍한 사람이 누구라고 생각하느냐?"

하고 물으셨다.

　어떤 아이는 자기 자신이라고 했고, 어떤 아이는 고아라고 했다. 어떤 아이는 짝짝이 부모를 둔 사람이 제일 불쌍하다고 했다. 대체로 다른 아이들도 그 대답에 동조하는 눈치였고 나 역시 그런 사람이 불쌍하다고 생각했다.

　그러나 선생님의 말씀은 의외였다. "이 세상에서 가장 불쌍한 사람은 잊혀진 사람이다." 잠시 침묵이 흘렀지만 곧 모든 학생이 선생님의 대답에 공감할 수 있었다.

　혹시 부모나 형제를 비롯해 주변 사람이 나를 몰라주는 것 같고, 나 혼자만 외톨이가 된 듯한 마음에 자기 자신이 제일 불쌍하게 느낀 적은 없는가? 그러나 조용한 밤에 가슴에 손을 얹고 가만히 생각해보자. 정말 나 자신이 이 세상에서 제일 불쌍한 존재인지. 대답은 '아니다' 일 것이다. 내 몸이 건강하고 정신이 건전하다면 그 누구보다 행복한 것이다. 스스로 노력만 한다면 이루지 못할 것이 없기 때문이다.

　학창 시절은 억만금을 주고 사고 싶어도 살 수 없으며 돌이키고 싶어도 다시는 돌아오지 않는다. 가능하다면 그 시절 많이 사색하고 고민해보는 것도 학창 시절을 보람 있게 보내는 방법 중 하나다.

　살아간다는 것은 경쟁의 연속이다. 지금도 학생들은 친구들과 경쟁을 하느라 힘들 것이다. 하지만 비슷한 조건에서 경쟁하고 있기에 사회생활보다는 어려움이 훨씬 덜하다. 사회라는 테두리는 넓고 넓어서 각양각색의 사람이 있고 조건 또한 같지 않다. 따라서 이처럼 다양한 사람들과의 치열한 경쟁에서 승리하기란 쉽지 않다. 그러나 기초가 탄탄하게 다져진 집이 풍상을 견뎌낼 수 있듯이, 청소년기의 과정이 튼튼히 다져져 있는 사람은 사회에서 맞는 난관을 이겨내고 전진하는 것이 그리 어렵지 않을 것이다.

다만 참으로 안타까운 것은 요즘 젊은 세대들은 부모나 선배와 같은 어른들의 충고에 귀를 기울이려 하지 않는 것 같다. 기성세대의 옛날이야기쯤으로 치부하고 경시하는 경향이 있다는 것이다. 인생의 선배들은 살아오면서 성공이나 실패를 통해서 얻은 체험을 후배들에게 들려줌으로써 그들이 좀더 나은 길로 가기를 바란다. 어느 부모가 자식을 잘못되라고 가르치겠는가? '그때 그 말을 들을 걸' 하고 후회할 때는 이미 늦다.

지나버린 시간은 되돌릴 수 없다. 인생은 기차표처럼 왕복 차표를 발행하지 않는다. 한 번 떠나면 두 번 다시 돌아올 수 없는 것이다. 또한 자기의 생은 누구도 대신 살아줄 수 없다.

앞으로 다가오는 세계는 기성세대인 어른들의 세상이 아니다. 바로 젊은이들, 청소년들의 몫이다. 꿈과 희망이 있는 미래를 위해 도전해야 한다.

노먼 빈센트 필 박사는 이렇게 말했다.
"끈기란 한 발짝 한 발짝 착실히 걸어 나가는 것이다. 목표에 도달할 때까지, 소망이 이루어질 때까지 아무리 시간이 걸리더라도 단념

하지 말고 견뎌내라. 설사 마음이 꺾이더라도 거기서 끝내지 마라. 정말 그만두고 싶더라도 포기하지 마라."

인생에 있어 한 번밖에 없는 황금기를 값지고 알차게 보내, 나이가 들어 되돌아봤을 때 후회 없는 삶을 살았다고 이야기할 수 있기를 기대한다.

_35_
나의 경영소감

지난 7월 26일 필자가 몸담고 있는 은행에서 현재 일본 아이치(愛知) TV회장인 쿠니야스 도쿠마루(國保德丸)씨를 초청하여 '일본경제 어떻게 될 것인가'를 주제로 한 강연회가 열렸다.

쿠니야스는 금융 빅뱅뿐 아니라 모든 분야에서 대변혁의 시대를 맞고 있는 일본경제를 2010년경까지 전망했다. 특히 현재 일본사회의 키워드인 '고령화', '국제화', '규제완화', '정보화'라는 네 가지 문제를 주요 주제로 삼았다.

이러한 문제는 비단 일본만의 몫이 아니다. 우리나라도 이미 세계화, 규제완화를 모토로 개혁을 추진하고 있었기 때문에 관심이 갔다. 그에 의하면 일본에서는 과거 10년간 규제완화를 표방했지만 실제로는 총론찬성, 각론반대였다고 한다. 반면 미국은 그동안 규제완화 정책을 적극적으로 추진하며 산업계도 이에 부응하여 기업혁신과 조직재충전에 노력한 결과, 국제경쟁력을 급속히 회복했다. 스위스 국제경영개발연구소의 '세계경쟁력보고'에 의하면, 일본의 국제경쟁력은 1993년까지 8년 연속 1위였지만 그후 미국, 홍콩, 싱가포르에 뒤떨어져 4위로 전락했다고 한다.

이는 규제완화가 시장에서 자유경쟁을 가속화시킬 뿐만 아니라 새로운 상품이나 서비스 창출로 개인소비나 설비투자를 자극해서 경제 활력을 불어 넣어주는 등 효과가 매우 크다는 것을 말해준다. 일본 경제기획청은 규제완화 조치에 의해 1998년도부터 2003년도까지의 일본의 실질 성장률은 연평균 0.9% 상승했으며, 2003년도의 GDP는 규제완화를 하지 않은 경우에 비해 5.8% 증가할 것으로 예측하고 있다.

우리 경제도 대변혁의 시기를 맞고 있다. 일련의 대기업 부도사태를 계기로 산업 구조조정이 가속화될 것이며, 금융계 역시 빅뱅의 신호탄이 곳곳에서 나타나고 있다.

WTO체제의 출범, OECD 가입은 우리 경제를 세계경제 속의 무한경쟁으로 내몰고 있다. 이는 기업 활동 영역에 있어서 영해(領海)는 축소되고, 공해(公海)가 확대되는 새로운 국면으로 빠르게 전환되고 있음을 의미한다.

이러한 무한경쟁에서 생존하기 위해서 기업의 경쟁력강화는 필연적이다. 이를 뒷받침하기 위해 과감한 규제완화, 나아가 혁파의 필요성은 앞의 일본의 예에서도 쉽게 알 수 있다.

우리 정부도 행정규제완화위원회, 공정거래위원회는 물론 각 부처를 통해 기업의 활발한 활동을 가로막는 각종 규제를 간소화하거나 폐지하는 등의 조치를 취하여 이와 같은 추세에 발맞추려고 노력하고 있다. 각종 규제의 완화 또는 폐지를 통하여 실물 경제의 주체인 기업에게 주도권의 이양(Power Shift)을 효과적으로 진행하여, 기업들로 하여금 무한 경쟁 시대에서 생존할 수 있는 자생력을 배양할 수 있는 토대를 마련해 주어야 한다.

과거 우리 경제의 단기 고속성장기에는 정부의 보호와 규제가 큰 힘이 되었다. 그러나 1개 그룹의 매출액이 정부의 일반회계 예산규모를 넘어선 지금, 경제의 주도권을 잡고 있는 기업으로 힘이 이양되는 것은 오히려 자연스러운 현상이라고 할 수 있다.

예전에 지상에서 가장 큰 동물인 코끼리를 잡기 위해 다음과 같은 방법을 이용했다고 한다. 코끼리가 들어갈 만큼의 우리를 만들어, 일단 코끼리가 우리 안에 들어오면 우리를 닫고 한쪽 발에 쇠사슬을 채워 큰 나무에 맨 다음 우리를 없애 버린다고 한다. 코끼리는 도망가기 위해서 온 힘을 다하지만 강한 쇠사슬과 큰 나무에 채워져 있기 때문에 며칠을 시도하다가 포기하고 만다. 그런 후 쇠사슬을 풀어 보통의 사슬로 묶고 작은 말뚝에 매어두어도 코끼리는 아예 도망갈 시도조차 하지 않는다.

이 우화가 뜻하는 바는 실로 지대하다. 사슬은 두 가지 의미로 해석될 수 있다. 코끼리의 의식을 지배하고 있는 체념이다. 지난 경험으로 미루어 더는 상황을 개선할 여지가 없다고 생각하여 개선하려는 노력을 포기하는 것이다. 또 하나는 사고의 패러다임이다. 으레 그래왔던 것처럼 사슬이 채워져 있는 상황에서 자신이 할 수 있다고 생각하는 것만을 생각할 뿐, 사슬을 벗고 자신이 자유로워졌을 때 어떤 가능성이 있는지는 생각하지 못한다.

시대에 따라 사람의 생각도 변해야 하고, 환경에 따라 기업의 경영전략도 궤도를 수정해야 한다. 그러나 타성에 젖어 기존의 패러다임에서 벗어나지 못하는 기업은 사고와 행동의 자유를 보장받지 못하며, 이는 경쟁력의 저하로 이어져 국제화 시대의 무한경쟁에서 도태되는 결과를 낳게 될 것이다.

이러한 결과를 방지하기 위해 정부는 과감한 규제완화를 통해 기업들에게 자율권을 보장하고 시장기능을 효율적으로 관리해야 한다. 또한 기업들은 규제완화 시기를 최대한 활용하여 창의적이고, 도전적인 기업경영으로 재설계해 나가야 할 것이다.

_36_
세계화에 대비한
중소기업의 대응전략

◉「신청년」| 1996년 겨울호 ◉

중소기업은 포기할 수 없다

신문이나 방송을 대하면 마치 우리 경제가 금방이라도 추락할 것 같은 위기감이 느껴진다. 물론 우리 경제에 대한 걱정이 다소 과장되게 표현되기도 했지만 그만큼 경제여건이 어려워졌다는 것은 사실이다.

아마도 경기변동을 가장 먼저 절감하는 곳은 실물경제의 최일선에 서 있는 기업일 것이다. 특히 우리나라처럼 경기양극화가 상당히 진행된 경우에는 경기가 수축기에 접어들수록 대기업보다 중소기업이 먼저 경기침체의 영향을 심각하게 받는다.

경제상황이 악화될 때는 자본이 부족하고 기술수준과 마케팅 능력이 낮은 중소기업이 대기업보다 훨씬 큰 타격을 받기 때문이다. 하루에도 수십 개의 중소기업이 도산하는 현재의 상황은 향후 경기침체의 선행지수로 보여진다.

그러나 현재의 경제여건이 아무리 좋지 않더라도 중소기업을 포기할 수는 없다. 중소기업은 국가경제의 밑바탕이기 때문이다. 그렇지만 경쟁력도 없고 생산성도 낮은 중소기업 모두가 국가경제의 기반일 수는 없다. 기술혁신을 통해 생산성 향상을 이룩한 기업만이 우리나라 국민경제라는 커다란 나무의 뿌리로 자리매김할 수 있다.

일반적으로 경기침체는 많은 기업을 도산시킨다. 그러나 위기를 기회로 삼는 일부 기업은 체질을 개선하여 더 큰 도약을 준비하기도 한다. 더욱이 근래에 기업의 경영환경은 주기적으로 닥치는 경기침체보다 더 심한 복합적인 격변의 소용돌이에 처해 있다. 따라서 중소기업이 격변하는 경영환경에 적응하기 위한 경영혁신은 일상적인 기업 생존전략이기도 하지만 경기변동에 능동적으로 대처하는 유일한 방법이기도 하다.

그러면 구체적으로 중소기업이 현재의 난국을 헤쳐 나가는 길은 무엇인가? 그것은 결국 우리경제가 안정성장의 궤도로 돌아오는 방법이기도 할 것이다. 먼저 중소기업을 둘러싸고 있는 환경을 살펴보자.

중소기업의 경영환경

우리 중소기업들은 WTO체제의 본격출범과 OECD 가입, 세계경제의 블록화 현상 심화, 금융 자율화와 자본 자유화의 진전, 정보화

충청지역 중소간담회 모습. 1995년부터 1998년 상반기 동안 전국 중소기업 경영자들을 대상으로 하여 권역별(부산·대구·전주·대전·인천·수원·춘천·청주·경기 북부 등)로 강의, 강연, 토론 등 다양한 방식의 대화를 가졌다.

사회로의 진전 등 과거에는 경험하지 못한 거대한 변화의 물결을 한꺼번에 맞고 있다.

이러한 환경변화는 필연적으로 국내시장 개방의 가속화와 경쟁격화로 이어진다. 대외적으로는 각종 무역장벽의 철폐로 국내외 기업 간 무한 경쟁이 촉발되었고, 국내적으로 보아도 경제구조 선진화를 위한 구조조정으로 경기 양극화가 진행되어 중소기업은 점차 설 자리가 좁아지고 있다.

더욱이 지금까지 중소기업 육성의 정책수단으로 사용되었던 각종 금융 및 세제지원마저도 비관세 무역장벽 철폐라는 국제적 요구에 따라 축소되거나 폐지되고 있다. 또 단체의 수의계약제도나 고유 업종

제도 등의 중소기업을 위한 경쟁 제한적인 제도도 축소되고 있는 추세다. 한마디로 경영환경이 총체적으로 어려워지고 있다.

따라서 국가의 중소기업 보호가 물리적으로 불가능해진 현재의 기업환경에서는 무엇보다도 기업자체의 경쟁력 확보가 중요하다. 무한경쟁에서 이겨 생존하느냐 아니면 패배하여 도산하느냐의 선택 외에는 없는 상황에서 누구도 우리 중소기업을 도와줄 수 없기 때문이다.

경영의 애로사항과 대응방안

국내외 경영여건의 악화는 판매부진, 자금난과 인력난 가중이라는 구체적인 현실로 나타나고 있다.

중소기업이 처한 경영상의 어려움은 한두 가지가 아니다. 경공업 부문의 내수부진과 건설부문의 경기침체는 근본적으로 산업생산 자체를 위협하고 있으며, 시장개방은 이미 생산된 제품마저도 수입된 외국상품과 치열한 경쟁을 할 수밖에 없도록 강요하고 있다.

생산성을 상회하는 임금 상승과 대기업 또는 유망업종으로의 노동력 이동은 저임금을 기초로 한 가격경쟁이 원천적으로 불가능하게 만든다. 이와 같은 경영애로의 누적으로 대기업과의 괴리는 더욱 심해져가고 있다. 중소기업은 대내외적으로 총체적인 위기상황에 처해 있는 것이다.

일반적으로 중소기업이 어떤 경영환경 속에서도 경쟁력을 유지할 수 있는 기본방안을 몇 가지로 요약하겠다.

첫째, 재무구조의 충실화이다.
기업이 제품을 생산, 판매해서 얻은 이익은 기업 본래의 목적에 맞도록 재투자나 내부유보를 해야 한다.
둘째, 인적자원의 자질향상이다.
계속적인 연수, 훈련, 재교육을 통해 기본적인 인력구조를 강화해야 한다.
셋째, 세계화에 대비한 국제적인 업무능력 배양이다.
상품 및 서비스 시장은 우리나라뿐 아니라 선진국, 후진국을 포함한 모든 나라가 개방되었다. 결국 아무리 작은 기업이라도 세계시장을 상대로 마케팅을 해야 하는 시대인 것이다. 그렇기 때문에 국내에서의 우위만으로 기업의 성장을 확신할 수 없으며, 반대로 국내에서 부진하다고 해서 그것이 기업 활동의 전부일 수 없다.
넷째, 인간적인 유대를 통한 노사협력관계 유지이다.
근무환경, 복지, 안전문제 등에 대한 투자는 시혜가 아닌 지속적 재생산을 위한 기본적인 투자로 인식해야 한다.
다섯째, 정보화시대에 대비한 전산화 추진이다.
여섯째, 품질제일주의의 선언이다.
경영주, 종업원의 의식전환을 통해 품질 이외의 것으로 세계시장에서 승부할 수 없다는 사실을 인식해야 한다.
일곱째, 금융기관과의 건전한 신뢰관계 구축이다.

물론 위에 언급한 방안들은 상당히 일반적인 내용인 동시에 하나같이 쉬운 일은 아니다. 하지만 어렵다고 포기한다면 중소기업의 회생을 기약할 수 없다. 어려운 때일수록, 실행하기 어려운 방안일수록 원칙에 충실하게 실천해야 한다.

이미 전제한 대로 경기침체는 기업이 체질개선을 통하여 경쟁력을 강화할 수 있는 기회이기도 하다. 그러기 위해서는 무엇보다 중소기업 스스로의 혁신의지가 중요하다.

엘빈 토플러는 "미래사회에서는 정보, 기술, 지식이 곧 힘과 부의 원천이 된다"고 말했다. 그러나 불확실성의 미래를 담보할 수 있는 정보, 기술, 지식을 응용하고 사용하려면 이러한 진보된 기술과 이론에 대한 개방된 혁신의식을 갖추어야 한다. 현재의 환경에 적응하기 위한 다양한 방법을 개발하고, 새로운 전문기술을 과감하게 기업 내에 적용할 수 있는 풍토를 만드는 것 모두 혁신된 기업체질에서 가능하다. 경영혁신이야말로 중소기업의 진로를 좌우하는 요체인 것이다.

중소기업 종합지원방안

앞서 거론한 사항들은 중소기업 혼자 감당하기에는 벅찬 과제들이다. 또한 중소기업에게만 맡겨져서도 안 된다. 중소기업 스스로의 노력, 정부의 정책, 금융기관의 효율적인 지원이라는 삼박자가 전제되어야 한다.

그러나 정부나 금융기관의 중소기업 지원도 쉬운 일은 아니다. 우리경제가 성장하여 국제사회의 책임 있는 일원이 된 만큼, 국제사회의 규범수준에 걸맞은 경제정책이 필요하기 때문에 예전처럼 중소기업을 드러내놓고 제도적으로 지원하기는 어려워졌다.

지금까지도 우리는 중소기업 육성책을 강력히 시행하고 있지만 앞으로도 지속된다고 장담할 수는 없다. 전 세계적으로 정부에서 중소기업 보호육성 정책을 제도적으로 시행하는 나라가 거의 없을 뿐 아니라 국제화와 개방화가 진전될수록 자국기업에 대한 각종 특혜는 철폐를 요구받기 때문이다. 결국 남은 선택은, 축소되고 제한될 중소기업 육성제도를 어떻게 효율적으로 운영하는가에 있다. 정부가 중소기업 관련 업무를 총괄하는 중소기업청을 신설한 이유도 중소기업지원을 효율적으로 수행하자는 데 있다.

금융기관의 중소기업지원도 정부의 정책과 방향을 같이한다. 지금까지의 실적위주 자금지원에서 벗어나 보다 구체적이고 실질적인 중소기업지원을 지향한다. 단순 자금지원보다는 경영상의 어려움을 함께 고민하고 대안을 제시하는 원인치료적인 지원이 강구되어야 함은 물론이다.

한일은행의 경우 본점의 중소기업부와 전국의 4백여 개 지점망을 통해 95년 말 현재 전체대출 7조 4천억 원 중 54.5%에 해당하는 4조 9천억 원을 중소기업에게 대출하고 있다.

우리 은행은 이 같은 비율을 계속 유지하는 한편 다음과 같은 입체적인 중소기업 지원제도를 도입, 시행 중이다.

첫째, 한일비즈니스클럽을 창설, 운영하고 있다.

중소기업에 대한 새로운 차원의 서비스 제공을 목표로 95년 10월 445개 중소기업으로 창설된 한일비즈니스클럽은 중견중소기업을 회원으로 발굴하여 자금지원은 물론 국내외 특허정보 등 각종 경영정보와 간행물을 제공하고 있다. 또한 회원사 간의 정보와 경험의 교류를 촉진하기 위한 다양한 사업을 전개해왔다.

특히 각계의 권위자들을 초청하여 매월 개최하는 조찬 세미나는 중소기업 경영자들에게 호평을 받고 있다. 한일비즈니스클럽은 이러한 회원사의 호평을 바탕으로 연말까지 회원사를 1천개까지 늘릴 계획이다.

둘째, 중소기업지원팀을 창설, 운영하고 있다.

중소기업에 대한 각종 서비스와 효율적인 여신지원을 위해 올해 2월 창설된 중소기업지원팀은 업무에 정통하며 경험이 많은 부장, 지점장급 9명으로 구성되어 있다. 중소기업지원팀은 은행에 앉아 중소기업을 맞는 것이 아니라 전국의 중소기업 산업현장을 돌면서 고충상담, 경영지도와 자금지원을 하고 있다. 특히 성공사례를 발굴하여 더욱 심도 있는 중소기업지원을 위한 모델 개발을 적극 추진하고 있다.

셋째, 우리 은행의 모든 해외지점에 해외서비스센터를 설치하여 국제서비스를 제공하고 있다.

20여개 해외지점에 설치된 해외 서비스센터는 해외지사가 없거나 새로운 해외시장 개척을 위한 중소기업들의 편의를 돕는다. 중소기업인들이 해외 출장시 사무실 제공을 포함하여 전화, 팩스, 차량지원, 통역 등 각종 서비스를 제공하고 있다.

넷째, 중소기업 신용여신 취급제도를 도입하고 있다.
기술이 있어도 담보로 취급하는 여신제도를 점진적으로 개선 운영하여 기술력이 있는 중소기업이 자금을 필요로 할 때 보다 쉽고 원하는 대로 지원받을 수 있도록 하고 있다.

우리가 준수하고자 하는 중소기업지원의 기본방침은 단순한 자금지원에서 탈피하여 실제로 중소기업에게 필요한 것, 경영상의 어려움, 근본적으로 체질을 개선할 수 있는 방법을 함께 고민하고 해결책을 제시해 주는 것이다.

그러기 위해서는 무엇보다 중소기업의 현실을 정확히 이해하려는 노력이 필요하다. 따라서 은행경영자가 직접 전국을 순회하며 매년 1천여 명의 중소기업 사장단과 간담회를 열고 그들의 의견을 청취하는 과정은 우리 은행의 기업 활동 중 하나다.

이러한 정부와 금융기관의 지원은 중소기업 스스로의 경쟁력 제고를 위한 철저한 경영혁신이 전제되어야만 실효를 거둘 수 있다. 중소기업 자신과 정부, 금융기관의 노력이 한데 어우러지고 상호 상승효과를 발휘할 때 중소기업이 어려움에서 벗어남은 물론 우리 경제도 새로운 비약의 전기를 맞을 수 있을 것이다.

역사는 도전하는 자의 몫이다

경영여건이 나빠졌다고 해서 환경을 타개할 방법을 찾지 않고 주저앉는 결과는 단순히 일개 기업의 도산만으로 그치지 않는다. 중소기업은 전 세계가 벌이고 있는 경제전쟁의 최전방에 서 있다. 따라서 중소기업의 도산은 국가경쟁력의 약화를 초래하며, 국가경쟁력의 약화는 5천년 역사에서 처음으로 당당히 제 역할을 시작한 우리나라가 세계 역사 무대에서 강제로 퇴장당하는 것을 의미한다.

또한 중소기업의 도산은 역사의 퇴보로 귀결된다. 실물경제의 일선에서 국가중흥의 애국자로 자부해오던 기업가 정신의 쇠락을 의미하기 때문이다.

세계적인 역사학자 아놀드 토인비가 '역사는 도전과 응전의 기록'이라고 정의했듯이 어떠한 시대에도 견뎌내기 어려운 상황이 있기 마련이다. 그러나 역사는 결국 도전하는 자의 몫으로 기록된다. 특히 역경을 이겨내고 승리하는 자에게만 미래가 보장된다.

경영환경의 변화에 따른 기업경영의 어려움은 우리나라 중소기업만 겪고 있는 것은 아니다. 우리의 시장이 개방되었듯 세계 모든 나라의 시장도 우리에게 개방되었고, 우리가 걱정하듯 다른 나라의 중소기업도 걱정하고 있을 것이다. 사실 일찍이 수출주도형 공업화를 추진한 우리가 먼저 선진국의 시장을 공략하지 않았던가.

위기는 기회라는 말이 있다. 대외적인 개방화와 대내적인 경제침체도 위기만이 아니며 기회일 수 있다. 우리도 잘만 하면 역경을 기회로 삼을 수 있고 시장개방도 오히려 무기로 활용할 수 있다. 그것이 중소기업의 진정한 세계화다.

그러나 외부환경에 순응하여 끌려가기만 해서는 진정한 세계화를 이룰 수 없다. 진보된 새로운 기술과 정보, 경영에 대한 개방적인 자세로의 의식혁신, 생산성 향상을 위한 과감한 경영혁신 없이는 세계화는커녕 기업의 존립조차 보장할 수 없다.

모든 국민이 강한 의지와 도전의식, 애국심과 민족적 잠재 에너지를 발휘하고 또 중소기업은 역사적 소명의식을 가지고 경영혁신을 이루어낸다면 경제회복은 물론 국가 전체가 밝은 미래, 찬란한 선진국의 미래를 맞을 수 있으리라 확신한다.

_37_
은행의 세계화와 은행원의 자세

◉ 『내외경제신문』 | 1995. 1. 11. ◉

오래 전 호주를 다녀온 친구가 그곳 은행에서 겪었던 이야기를 해 준 적이 있다.

미화 삼백달러를 호주달러로 환전해서 호텔로 돌아와 확인해 보니 삼천달러였던 것이다. 물론 은행 직원의 업무 착오로 빚어진 실수였다. 그는 곧바로 은행으로 달려갔다. 담당 여자 은행원에게 우선 본의 아니게 미안하게 되었다고 사과한 후, 뭔가 잘못된 것 같으니 확인해 보라고 했다.

그러나 여행원은 절대로 잘못되었을 리 없으니 걱정 말고 돌아가라며 아무 일도 없었다는 듯, 하던 일을 계속하더라는 것이었다. 고마워 어쩔 줄 몰라할 줄 알았는데 너무 당당한 태도에 어리둥절할 수밖에 없었다. 벌써 25년 전의 일이다.

이런 일이 우리나라 은행에서 일어났다면 우리나라 은행원들은 어떤 반응을 보였을까? 물론 호주의 은행원과 똑같이 업무처리를 했으리란 생각이 들기도 한다. 그러나 본인이 적지 않은 금액을 변상해야 하는데 과연 모두 그렇게 할 수 있었을까.

은행의 생명은 신용이다. 은행원은 매사 업무에 정확해야 한다는 당연한 진리를 그 여행원은 철저한 프로정신으로 실천해 냄으로써 은행의 대외적인 신용을 지킨 것이다.

국제화 세계화의 의미를 너무 먼 데서 찾을 것이 아니다. 은행의 세계화 역시 너무 어렵게만 생각할 필요는 없다. 은행원 각자가 정직과 신용을 바탕으로 업무에 임하면, 우리 은행도 세계 속에서 높은 신용으로 신뢰받을 수 있다. 그렇게 되면 어느 나라 사람이든지 우리의 은행을 이용하려 할 것이다.

이것이 다름 아닌 은행이 국제화, 세계화될 수 있는 길이 아닐까 생각한다.

지금 우리는 어떤가? 25년 전 호주의 한 은행원의 투철한 자세를 깊이 되새겨 봐야 한다. 동양의 지혜로 신용과 품질을 앞세우면 세계화도 어려운 일은 아닐 것이다.

2부
한국 금융의 오늘과 내일
강연

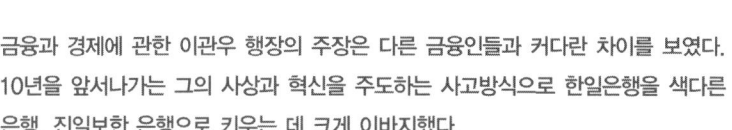

금융과 경제에 관한 이관우 행장의 주장은 다른 금융인들과 커다란 차이를 보였다. 10년을 앞서나가는 그의 사상과 혁신을 주도하는 사고방식으로 한일은행을 색다른 은행, 진일보한 은행으로 키우는 데 크게 이바지했다.
중간관리자의 역할을 강조하고 중소기업의 특징과 장단점을 살려 전반적인 경제 발전을 꾀하고자 했던 그의 주장을 살펴보며, 우리도 혁신과 변화를 다짐해 보자.

_38_
중간관리자의 역할과 책임

서론

대기업보다는 가계가 중요하다. 은행도 기업 위주로 영업 패턴을 바꾸어야 하며, 여신에 있어서는 부동산 위주보다는 어디까지나 기업성이나 성장성, 회수 전망 등을 고려해서 영업 활동을 해야 한다.

또한 은행의 업무영역 자체가 상당히 겸업주의로 가서 앞으로 은행 활동이 많아지는 추세로 변할 것이다. 과거에 제2금융권에 밀려 위축되었던 은행이 이제 제 길을 찾을 기회가 온 것이다. 은행 관계자들의 노력이 더 한층 기대되는 시점이다.

93년부터 95년까지 전무 · 행장 재임시 한일은행 연수원에서 책임자급 이상 직원에 대한 교육연수 강의 원고이다.

모든 조직의 허리 역할을 하는 중간관리자의 역할과 책임에 대해 말씀드리기에 앞서 섭외에 관련된 것을 먼저 얘기할까 한다.

섭외라고 하면 두말할 나위 없이 은행의 모든 업무를 통달하고 수신의 극대화를 위해서 노력하는 중요한 일이다. 여신의 사전 결정이라든가 거래처와 지점, 또는 앞으로의 은행 발전을 위해서 점포 손익 증대와 부실 방지를 기획하고 추진하는 일이기도 하다.

섭외의 자격 요건이라고 한다면 우선 업무에 밝아야 하고 지식(정보)을 수집하고 있어야 한다. 매너가 좋아야 하고 끈기가 있어야 한다. 또한 상대방의 요구(need) 사항을 사전에 인지하고 거기에 맞춰 적절하게 대응할 수 있어야 한다. 화술에 있어서도 상대가 좋아하는 말과 상대가 싫어하는 말을 생각해서 구별해 사용해야 한다. 표정도 상당히 중요하다. 이런 것들을 사전에 연구하고 검토해서 적절히 대처하는 것도 커다란 능력이다.

대기업 거래선들과 대화할 때 느꼈던 것은, 사람을 대할 때 우선 첫인상이 좋아야 한다는 사실이었다. 상대방이 나의 복장이나 표정 등 무언가에 대해 좋지 않은 인상을 받았다면 아예 대화를 할 필요가 없는 상황이 발생할 수도 있다고 본다. 지금 컨디션이 좋은지 나쁜지에 따라, 혹은 집에서나 회사에서 문제가 있었는지에 따라 기분에 큰 영향을 줄 것이다. 그런 것을 재빨리 판단하여 상대방의 기분이 나쁜 상태라면 아예 대화를 하지 말고 훗날로 미루거나 다른 방법을 통해 커뮤니케이션 하는 것이 오히려 현명할 수 있다.

물론 이러한 사실은 대부분의 사람들이 이미 다 알고 있는 기본적인 상식일 것이다. 그러나 더 쉬운 이해를 위해 몇 가지 사례를 들어

설명하겠다.

인간관계의 기술

개소 100일 떡 돌리다

1977년에 나는 지금의 서여의도 지점, 당시는 여의도 간이예금취급소의 개설준비위원장으로 발령 받아 개점을 했다. 당황스럽기도 했지만 기분 좋은 발령이었다. 점포장으로 나가는 것은 상당히 기대되었지만 개점 숫자(목표액수)를 얼마로 할 것인지, 앞으로 누구하고 같이 일할 것인지, 수하의 책임자들은 어떤 사람들을 선정해 데려갈 것인지의 인사 문제, 주변에 자원이 있을 것인가 없을 것인가 하는 막연한 불안감 등으로 인해 매우 착잡하기도 했다.

막상 개점 일자가 다가오기 시작하면 본점에서는 "얼마를 할 거지? 어느 점포는 얼마를 했는데 네 실력으로는 얼마를 할 수 있겠나?" 하고 압박해온다. 이때는 하루하루가 초조하고 입이 바짝바짝 탄다. 대개 처음 발령 받을 때는 '얼마는 해야겠다' 고 목표숫자를 설정하게 된다. 예를 들어 10억이라고 가정한다면, 처음에는 50억 정도 책정하는 것이다. 누구든지 발령 받고 앞으로 부탁한다고 하면 다 해준다고 한다. 그것을 다 써 보면 50억~60억 나오기 때문에 그 정도를 예상한다. 그러나 한 달을 예정해 놓고 살펴보면, 약 열흘 후에는 50억으로 잡았던 목표가 30억으로 떨어진다. 20일 지나면 또 20억으로 줄어들고 날이 지나면서 10억 정도까지 내려간다. 이처럼 시간이 지나 개점을 불과 2~3일 남겨 놓고 확정된 금액을 살펴보면 2~3억 정도뿐이다. 이런 상황이 바로 현실이다. 그렇다 보니 개점 일주일 전부터는 입술이 바짝바짝 마르고 잠도 오지 않는다. '분명히 본점에서는 얼마 하라고 했고 점포장으로서 해야 되는데 과연 할 수 있을까?' 그리고 사실 잘 안된다. 이런 상황이 다반사다.

또 다른 애로사항은 점포장 혼자 1인 4-5역을 해야 한다는 점이다. 점포의 집기에서부터 모든 인테리어 문제 등을 직접 준비하고 다녀야 한다. 사은품을 골라서 제작처에 맡기는 등의 잡다한 일들을 처음부터 끝까지 모두 직접 해야 한다. 그때는 점포 얻는 일부터 임대차 관련업무, 전화 설치 등 모든 일을 혼자서 다 해야 했다. 지금은 좀 나아져서 점포관리부에서 상당히 많은 부분을 해주지만 개설 점포장의 어려움이 아직도 많이 있다고 본다. 그래서 이제는 본부에서 점포장을 발령하면 이러한 모든 것을 다 준비, 해결해주고 점포장은 오직 수신, 섭외 부문만 신경 쓰도록 하는 것이 어떠냐 하는 문제를 검토 중이다. 아마 이후 상황은 많이 좋아지지 않을까 생각한다.

서여의도가 지금은 상당히 좋아져서 중위권 점포에 진입해 있지만 그 당시에는 '한국의 텍사스'라고 불릴 만큼 황량하기 그지없었다. 국회의사당 앞에 장기신용은행(76년 당시는 KDFC) 본점 바로 밑 KDFC 건물 아래층에 점포 임차를 들어갔는데 주변이 매우 어설펐다. 거의 허허벌판 같았고 빌딩이라고 해야 국회의사당과 한국개발금융회사, 삼도빌딩, KBS 건물, 동아일보 인쇄공장, 여의도 관광호텔, 순복음교회 이렇게 몇 군데뿐이었다. 나머지는 대부분 동쪽에 몰려있었는데 제일은행, 조흥은행, 상업은행, 서울은행, 신탁은행(합병 전) 등이 산재해 있었다. 이렇게 여러 은행들이 동쪽에 있는데도 유독 한일은행만 서쪽에 여의도 간이예금취급소를 개설키로 했고, 내가 개설준비위원장으로 발령을 받고 개소하게 되었다.

그때 본점에서 내게 10억 이상은 하라고 주문했다. 77년도에 10억을 개소 목표액수로 하라는 것이었다. 나는 그러겠다고 했다. 처음 예상할 때는 계약고 50억은 자신 있다고 생각했고, 아무리 못해도 예금숫자 20억은 될 것 아닌가 싶었다. 그러나 정작 개점날 보니까 상황은 그게 아니었다. 20억은 되지 못한다 해도 내게 확정된 숫자가 15억 정도는 됐으니까 10억은 넘었지만 당시 수송동지점이 10억 1천~2천쯤 할 때인데, 내가 10억을 넘겨 버리면 주위 사람들이 '너 혼자만 많이 하고 다 해버리면 어떻게 하냐?' 는 시선도 있고 분위기도 그래서 수송동보다 더 많이 해볼까 하다가 9억 8천만 했다. 당시 여의도에 나와 있는 각행의 점포들이 모두 예금취급소인데 상업은행만 3년이 지나 29억 정도 하고 제일은행이 14억, 조흥은행이 15억 정도 유지하고 있었고 서울은행과 신탁은행은 10억대에서 왔다 갔다 할 때였다.

개점해서 9억 8천을 한 그때 주식 청약준비금 납입이 있었다. 마침 내가 소공동 지점 차장을 하다 나갔기 때문에 주식에는 눈이 조금 떠 있었던 상태였다. 명동 근처에서 생활하다 보니까 그런 면에 지식이 조금 있는 편이었다. 주식 청약준비금의 납입을 받아서 환불해주면 약 일주일간 별단예금으로 들어온다. 당시에는 여기에 눈 뜬 사람들이 별로 없었다. 나는 이 주식 청약준비금 납입을 받아 보려고 준비에 들어갔다.

건너편에 증권회사가 많았고 주변은 온통 상가 및 아파트촌이 되었다. 개점해 놓고 지금 용산 전자 상가 자리의 용산 청과상에 갔다. 그때는 그곳이 청과시장이었다. 청과상에 가 보니 복숭아 한 상자가 만 원 정도였는데 그날이 중복이라 5만원을 주고 복숭아 5상자를 사들고 나왔다.

그 길로 여의도에 나와 있는 증권회사 지점을 모두 방문해서 복숭아 한 상자씩을 나누어 주었다. '중복을 그냥 넘기기 뭐해서 인사차 들렸다'는 간단한 인사말과 함께 새로 들어온 점포의 소장이 복숭아 한 상자를 놓고 가니, 그들은 이유도 모르고 그저 고맙게 먹었다. 그러고 나서 한 일주일 후에 청약이 터지기 시작했다. 나는 과거에 복숭아 준 것 있으니까 아주 자연스럽게 책임자 두 명과 증권회사 지점을 방문하고 다녔다.

"우리가 이 변두리에 점포를 냈는데 당신들이 안 도와주면 누가 도와주겠나? 청약준비금은 우리가 수납하겠다. 좀 도와달라" 했더니 "예금취급소 이름을 가지고 어떻게 받을 수 있겠느냐?"며 반문하는 것이었다.

"그렇지 않다. 내가 소공동지점 차장을 하면서 익힌 노하우가 있어서 충분히 해낼 수 있으니 우리에게 맡겨 달라. 대신 부족한 인원은 본부 지원을 받겠다."

이렇게 해서 전부 미리 내락을 다 받았다. 안되면 본사에 연락을 해서 임원에게 압력을 넣어 내가 1차로 받은 것이 37억이었다.

개점 숫자는 9억 8천인데 한 달 후에 청약준비금, 즉 별단으로 37억이 들어왔으니 일주일간 잠기면 막대한 손익이 난다. 그제야 타행들도 눈을 뜨기 시작했다.

이것은 지속적인 사업이다. 우리는 그 청약준비금 때문에 신이 났고 나도 상당히 득을 보았다. 7월에 개점했는데 그해 12월에 흑자로 마감했다. 대개 개점 후 일 년 동안은 점포 손익이 마이너스인 것이 통상 관례인데 우리는 당해 연도에 흑자를 낸 것이다.

요구불성 예금, 청약준비금으로 흑자를 만들었고 한편으로는 점포 분위기 만들기에 세심하게 배려했다. 점포장으로 나가는 사람은 이런 면에 신경을 써야 한다. 지금도 점포 창구에 가 보면 꽃꽂이를 해 놓는다든가 그림을 거는 등 환경미화에 신경을 써서 꾸며 놓은 것을 볼 수 있다.

나도 어떻게 하면 점포 분위기를 더 명랑하고 화기애애하게 만들 수 있을까 고심하다가 꽃시장에 가서 꽃을 묶음으로 사들고 집으로 갔다. 집사람에게 부탁해 수반에다가 일일이 다 꽂은 후 여러 개의 꽃꽂이 수반을 차에 실어서 점포 창구에 놓았다. 월요일마다 이렇게 꽃꽂이 수반들을 싣고 출근했다. 점포에 도착해 차에서 수반들 7~8개를 죽 내려놓으면 꽃들이 이리저리 늘어지고 흔들거려 아름다워 보였다. 물을 주고 잘 매만져서 창구에 갖다 놓고 점포 분위기를 좋게 해 보려고 노력했다

점포에 온 신경을 쏟아 부으며 열심히 뛰는 동안 개점 100일이 가

까워졌다. 신경제 100일 작전, 신경제 100일 계획 등도 있지만 나는 지금도 100일이라는 말만 나오면 그때가 떠오른다. 개점 99일이 되던 날, 나는 책임자 두 사람을 불러 앉히고 내일이 무슨 날인지 아느냐고 물었다. 아침부터 갑자기 내일이 무슨 날이냐는 질문을 받으니 서로 마주보며 "왜요? 무슨 날인데요? 소장님 생일입니까?" 하며 의아해했다.

물론 그들이 알 턱이 없었다. 나는 재차 물었다. "사람이 태어나면 돌잔치 말고 100일에 대개 뭐 하는 것 있지?"

"있지요, 그런데 그것이 지금 우리와 무슨 상관이 있습니까?"

"내일이 바로 우리 점포 개점 100일이야. 100일 떡을 하도록 하지." 이튿날 우리는 100일 떡을 해 거래처에 돌렸다. 그러자 모든 거래선이 "세상에 개점 100일 떡을 받아 보기는 처음"이라며 함께 즐거워하고 축하해주었다.

이렇게 해서 나는 마산 지점장으로 발령 받고 여의도를 떠날 때 평균 32억 5천 정도 했다. 간이예금취급소가 개점하고 3년이 지나고 30억만 넘어가면 지점으로 승격될 때였는데 3년이 되지 못해 승격은 안 되고 예금취급소로 놓아 둔 채 나는 마산으로 내려갔다.

반면 여의도의 조흥은행과 제일은행의 지점장은 나 때문에 좌천이 됐다. 2년 넘은 점포가 18억대, 21억대를 유지했는데 2년도 되지 않은 후발 점포가 32억5천을 해냈으니 그냥 있을 수 없었던 것이다.

상업은행은 34억대였다. 그때 일 년, 아니 2~3개월만 더 있었어도 상업은행을 꺾는 건데 떠나는 바람에 그걸 못하고 말았다. 이런 말을 하는 이유는, 점포를 움직일 때는 점포장 입장에서 여러 가지를 검토하고 판단하는 것이 좋을 것 같다는 뜻에서이다.

추석에 거래처 회장과 함께 고사 지내다

마산 지점장으로 발령 받았지만 지방 근무도 처음인데다 한 번도 가보지 못한 곳이라 생소하기 그지없었다. 마산으로 가게 됐을 때 어느 분에게 인사를 드리러 갔더니 우선 세 가지만 얘기한다며 말씀하셨다. "첫째, 아는 척하지 마라. 둘째, 생색내지 마라. 셋째, 예금 이야기만 강요하지 마라. 이것만 지키면 너는 성공하는 거다."

많은 사람들, 특히 점포장들이 거래처에 나가서 이렇게 말하곤 한다. "아이, 죽겠습니다. 본점에서 캠페인을 한다고 매일 야단인데 이것 안 해 주시면 제가 이 점포에서 배겨 내지를 못합니다."

사람들은 대부분 거래선을 만났을 때 우선 자기 얘기부터 쏟아 놓는데 이는 좋지 않은 방법이다. 거래선들이 점포장이나 섭외차장을 만날 때는 무언가 새로운 정보를 알고 싶어서인데, 새로운 정보는 주지 않고 스트레스만 주고 마는 경우가 되어서는 안 된다.

대출해준다는 얘기는 안 하면서 '무슨 자금을 조성해 달라, 계약고 들어 달라, 통장해달라' 하며 주문만 잔뜩 늘어놓으면 거래처 입장에서는 점포장이나 섭외차장들을 만날 필요가 없게 된다. 처음 한번이나 만나지 두 번, 세 번이 되면 오너는 안 만나고 부장이나 과장한테 만나 보라고 하면서 슬며시 피하기 일쑤다. 그렇게 되면 효과는 마이너스다. 이런 점들을 염두에 두고 섭외에 임해야 한다.

내가 H그룹에 출입할 때, 지금 회장으로 계시는 분은 부사장으로 계셨다. 어느 점포나 마찬가지로, 대개 아침에 출근해서 바로 문안 가는 데가 큰 거래처다. 우선 수신 제일 많은 데를 찾아가게 되고, 앞으로 전망성 있는 데부터 찾아가는 것이 인지상정이다.

H그룹에 첫인사를 가던 날 아침 8시 20분에 도착했다. 비서실에 연락해 놓고 간 터라 내가 왔다고 하니까 좀 기다리라고 해서 기다리고 있는데 그날따라 무척 바빴다.

약 20분쯤 지났을까, 8시 40분쯤 되자 상업은행 지점장이 나타났다. 같이 앉아 있는데 한 5분이 지나자 제일은행 지점장이 오고 뒤이어 9시 10분경에 조흥은행 지점장이 왔다.

그렇게 함께 앉아 기다리게 된 네 사람의 속셈은 다 다를 수밖에 없었다. 각자 목적을 가지고 와 있는데 서로 얘기는 하지 않고 애꿎은 담배만 피우며 앉아 있었다. 10시가 지나고 11시를 넘겨 12시가 다가오니까 다들 시계만 자꾸 들여다보고 있었다. 옆에 있는 잡지책도 일찌감치 다 읽었겠다, 자연스레 대화도 하게 되고 줄담배만 태우다 보니 담배 한 갑이 다 없어졌다. 그렇다고 누구 하나 선뜻 일어서 나가는 사람도 없었다.

11시 반이 되자 마침내 조흥은행 지점장이 약속이 있어서 할 수 없이 먼저 간다며 일어나서 갔다. 그러자 상업은행 지점장도 자꾸 시계를 들여다보더니 11시 38분쯤 되니까 본부장이 오기로 했다며 일어나 버렸다. 제일은행 지점장하고 나하고 둘만 남았는데 그도 멋쩍었던지 11시 50분쯤 되니까 혼자 가 버렸다.

이제 혼자 남았는데 나도 갈까 말까 생각하다가 오기가 발동했다. '그래, 어디 한번 마냥 기다려 보자. 내가 분명 비서실에 얘기해 놓았으니까 무슨 연락이 와도 오겠지' 하고 기다렸다. 12시 20분까지 기다렸다. 8시 20분에 도착해서 12시 20분이 되었으니 만 4시간을 기다린 셈이다. 12시 20분이 되자 연락이 왔다.

"네 분 모두 같이 들어오십시오."

혼자 들어갈 수밖에 없었다. 그랬더니 다른 사람들은 어디 갔냐고 묻기에 11시 정도까지 기다리다 모두들 갔다고 대답했다. 그 어른은 "아아, 잘됐다. 우리 둘이 점심이나 같이 하자"고 해서 사내 식당에 가서 둘이 같이 점심을 먹으며 얘기도 많이 했다.

그분은 아마 이렇게 생각했을지도 모른다. '바쁘니까 갔겠지만 어차피 그냥 얼굴이나 비치고 갈 생각으로 온 사람들이었구먼.' 그분도 잠깐 나와서 "내가 오늘은 많이 바쁘니까 나중에 보십시다" 하고 들어 갈 수도 있었을 텐데 왜 그때까지 기다리게 했는지 이유는 아직도 모른다. 아마 끈기를 시험해보시지 않았나 싶다. 물론 혼자 해보는 생각일 뿐이다. 그분이 워낙 일정이 바쁘고 급한 일도 많다 보니 부득이 그랬을 것이라고 좋게 해석할 수도 있겠지만, 내 생각으로는 끈기를 보았던 것 같다.

그래서 결국 나 혼자 만나서 점심도 먹고 대화도 많이 하게 되어 그 후로 매우 가까워졌다고 할 수 있다.

대개 지방 점포장을 하면 서울과 지방 양가 살림을 하게 되니까 서울에 자주 올라온다. 나는 두 달에 한번 올라오는 것을 원칙으로 했다. 그러다 보니까 추석이나 설 때 서울에 잘 오지 못했다. 자식 된 도리로 성묘도 하고 제사도 지내야 하지만, 당시만 해도 명절이 연휴가 아니라 당일 하루만 휴일이어서 교통사정도 여의치 않았고 여러 가지가 어려워 서울 올라오기가 쉽지 않았다. 추석이나 설이나 마찬가지였다.

그런 중에 이야기를 들어보니까 H그룹은 추석과 설에 오너가 직접 본사 공장에서 고사를 지내는 풍습이 있어서 네 군데 공장을 모두 돌며 고사를 지낸다는 것이 아닌가. 추석 아침 열 시에 고사를 지낸다는 얘기를 들은 나는 서울에 가지 않고 추석날 아침 현장에 나갔다. 내가 나타나니까 그곳에 고사 지내러 나와 있던 부사장님도 상당히 놀라시는 것 같았다.

"아니! 서울에는 안 가시고 어떻게 이 명절에 여기 계시느냐?"며 반가워했다. "아, 서울이야 가면 좋겠습니다만 회사에서 고사를 지낸다고 하시기에 저도 북쪽으로 절 한번 꾸벅 하려고 왔습니다. 그리고 이 회사가 잘되어야 저희 회사도 잘되지 않겠습니까? 그래서 저도 고사 좀 지내러 왔습니다."

그랬더니 아주 반갑게 맞이하면서 고맙다고, 잘됐다고 그럼 함께 고사 지내자고 하셨다. 네 공장을 다 돌며 고사 지내고 부사장님이 직접 종업원들을 만나 일일이 격려금 주시고 다독이는 모습도 감명 깊게 보았다. 그때 종업원들이 감격하며 눈물을 글썽이던 광경은 지금도 잊을 수 없다. 이런 일로 부사장님과 나는 자연스럽게 아주 가까워졌다.

추석이 지나자 이 고사 소문이 업계에 쫙 퍼졌다. 타 은행에서는 나보고 지독한 놈이라고, 제 집 제사는 지내러 가지도 않으면서 거래처 회사 공장에 고사 지내러 나타난 놈이라고, 저 놈한테는 못 당하겠다고, 도저히 안 되겠다고 고개들을 설레설레 흔들었다.

그런 상황에서 영업해 나가다 보니 또 설이 되었다. 설날 아침에 그 회사로 갔더니 마침 부사장님이 "그렇지 않아도 기다리고 있었노라"며 반갑게 맞아 주셨다. 마침 회장님은 해외출장 중이어서 계시지 않고 그분 혼자서 나를 기다리고 계셨던 것이다. "회장님께서 이 지점장 오시면 함께 고사 지내라고 하셨습니다. 자, 이제 고사 지내십시다. 같이 고사를 시작하십시다."

이렇게 되니까 그 다음 추석에도 빠질 수가 없게 되어, 결국 마산 있는 동안 계속 함께 고사를 지냈다. 추석 2번, 설 1번 고사 지내고 마산을 떠났다.

그렇게 고사를 함께 지내며 좋은 사이, 밀접한 관계로 영업을 할 수 있었다. 처음 부임할 때 70억 6천정도 실적을 인계 받았던 점포를 재직 14개월 동안에 계속 성장시켜서, 떠날 때는 134억 원을 넘겨주고 왔다. 내가 마산 내려갈 당시가 70억이 깨진다고 했을 때였고 우리가 70억 6천, 상업은행이 92억, 제일은행이 70억 2~3천에서 왔다 갔다 할 때였다. 1년 2개월 만에 거의 곱절로 올려놓았으니 대단히 성공한 영업이라고 할 수 있다.

물론 주변의 큰 도움이 없었으면 힘들었겠지만, 하겠다고 하면 안 되는 것이 없다고 생각한다. 물론 여건과 경우에 따라 다르겠지만 좋은 참고가 되리라고 생각되어 성공적인 경우들을 소개하였다.

'각하' 인사 한마디로 예금 6억 받아내다

세 번째 사례는 역전지점에 있을 때 일이다. 당시 K진흥공사는 우리와 거래를 하지 않고 있었다. 그때만 해도 공공기관은 모두 다 국책은행하고만 거래하게 되어 있었는데, 곧 법이 바뀌어 시중은행과도 거래할 수 있다는 정보를 나는 갖고 있었다.

그러면 이걸 어떻게 유치할 것인가. 물론 지점간의 경쟁과 타행과의 경쟁도 있었는데 나는 그 회사 아래서부터 훑어 올라갔다. 그러면서 자금담당 부장과 인사도 하고 저녁도 같이 먹었지만 도저히 안 되게 생겼다. 할 수 없이 그 회사 사장님과 잘 아는 분을 대동하고 회사를 찾아갔다. 그때만 해도 5공화국 시절인데 나는 새도 떨어뜨린다는 그 영부인의 삼촌이 사장으로 계실 때였다.

비서실에 들어가자 응접실에 이미 열댓 명 정도 사람들이 사장 면담을 기다리고 있었다. 그런데 나와 같이 간 분이 비서에게 명함을 건네자 곧바로 들어오라며 안내를 받을 수 있었다. 그분과 함께 들어갔더니, 사장님은 거래처 손님인 듯한 세 분과 담소 중이셨다.

우리 둘은 함께 인사를 하고 그분이 사장님께 나를 소개했다. "제가 거래하는 점포의 지점장입니다." 나도 명함을 드리면서 인사했다. "제가 이관우 지점장이올습니다."하니까 사장님이 "아, 이 지점장이오?" 하며 나를 쳐다보았다.

"동생 같은 사람이니까 잘 좀 부탁합니다." 그렇게 말씀하셔서 "예, 잘 알겠습니다. 각하!"라고 내가 대답했더니 "가악하아?" 하며 반문하셨다.

이왕 뱉은 말이니까 계속 이어나갔다. "각하께서 헌병감 하실 때 전 1대대 1중대에 있었습니다. 저희가 군대생활을 할 때는 사단장 각하, 군단장 각하 그랬습니다." 사실 그랬다. 그래서 일부러 호칭을 그렇게 불렀던 것이다.

"헌병 출신이야?"

"예, 그렇습니다."

"몇 기야?"

"75기입니다."

"계급이 뭐야?"

"상등병입니다."

"야, 쫄병이구나." 그러더니 자리에서 벌떡 일어나 내 앞에 와 서며 반갑다고 다시 악수를 청해서 뜨겁게 악수했다. 아마 옛날 생각도 나고 다시 군대 시절로 돌아간 기분에 매우 들뜨셨던 것 같다. 사장님은 자리에 앉자마자 버튼을 누르더니 자금부장을 들어오라고 지시했다. 자금부장이 곧바로 들어왔다.

"지점장 인사하지."

"알고 있습니다" 했더니 "동작 한번 빠르다"고 웃으며 자금부장에게 다시 물으셨다.

"지금 자금 얼마 있나?"

"6억 있습니다." 자금부장의 대답이 떨어지기 무섭게 "그 6억 지금 당장 이 지점장에게 다 줘" 하는 것이 아닌가?

그때가 81년도 즈음이었다. 두말이 필요 없었다. 그렇게 하겠다는 자금부장의 대답 소리와 거의 동시에 다시 버튼을 누르더니 여비서에게 한일은행장을 대라고 지시했다. 곧 행장이 연결되었다.

"아, 은행장님? 나 아무갭니다. 앞으로 우리 모든 거래를 한일은행

역전지점과 할 겁니다. 앞으로 한 40억 들어갑니다." 나는 그 자리에서 40억 확답을 받은 것이다. 행장님도 무척 고맙다고 인사를 하시는 것 같았다. 바로 6억을 받고 날아갈 듯한 기분으로 사무실로 돌아오니까 행장님이 세 번이나 전화를 걸고 찾으셨다는 것이다.

그길로 본점에 뛰어 들어갔더니 행장실에 들어서자마자 벼락이 떨어졌다. 찾는 이유도 모르던 터에 호통까지 떨어지니까 얼떨떨했다.

40억 가져오지 않고 지금 어디 가서 무엇하고 돌아다니느냐는 질책이었다. 사실은 그런 것이 아니라 행장님이 그 전화를 받으실 때 바로 그 옆에 있었노라며 자초지종을 보고 드렸다. 일의 전말을 다 들은 행장님은 참 잘했다며 칭찬하고 격려해 주셨다.

그렇게 유치한 K진흥공사와의 거래는 최고로 많을 때는 약 300억까지 들어왔을 만큼 순조로이 지속되었다.

사직서와 바꾼 40억

마지막 사례를 하나 더 소개하겠다. 당시 나는 마산 지점장을 하다가 신촌 지점장으로 상경했다. 그때 연세대가 우리 주거래였는데, 한 번 등록금을 받으면 대략 60억 정도가 들어왔다.

은행도 나가고 제2금융권도 나가서 같이 각 단과대학별로 나누어 전부 수납한다. 사흘간 수납하면 마지막 나흘째 되는 날에 제2금융권에서 연세대학교의 당좌수표를 교환에 회부시켜 납입금을 가져갔다. 그러니까 남는 것이 하나도 없게 되고 만다.

그 후에 다시 그걸 돌려놓고 안배를 한다. 60억 중에서 많이 받아봐야 5억-10억 정도밖에 되지 않는다. 게다가 고생은 고생대로 하고 예금은 다른 데로 뺏기니까 속상하지만 다른 방법이 없었다. '연세대면 내 모교인데 이래 가지고 되겠나?' 하는 생각이 들었다.

고심한 끝에 연초에 총장님을 찾아갔다. 세배 왔다고 인사를 하고는 "행장님이 총장님 모시고 오찬 한번 하고 싶다 하시니 시간 좀 내 달라"고 했다. 사실 행장님과 사전에 얘기하지는 않았다. 총장님은 "무슨 소리냐. 내가 행장을 모셔야지 어떻게 그럴 수가 있느냐"기에 "그럼 오찬을 하실 의향은 있는 것이냐. 오찬은 제가 모시겠으니 시간을 내 달라"고 했다. "아이 그럼 당연히 해야죠" 하며 총장님은 기분 좋아하시는 듯했다.

"언제가 좋으시겠습니까? 시간을 정해 주시지요."

"행장께서 좋으신 시간에 맞추겠으니 행장님 스케줄에 따라 정해서 알려만 주십시오."

나는 그길로 본점에 들어가 행장님을 뵈었다. "오늘 연대에 들어갔더니 총장께서 행장님 모시고 오찬 한번 하시자는데, 행장님 시간이 어떠십니까?"

그러자 행장님은 반색하며 말씀하셨다. "그게 무슨 소리냐? 내가 낼 테니 언제든 총장님 좋은 날로 시간만 약속 받아 오라."

그래서 연대 총장실로 다시 들어가 그대로 전하고 시간을 정해 달라고 했다. 시간을 정해 주기에 참석 인원을 물었다. 총장, 의무 부총장, 재무처장, 기획조정실장 등 네 명이 참석하겠다고 정해 주었다.

다시 본점에 들어와서 보고했더니 행장님도 그 시간에 맞추겠으며 우리도 행장, 전무, 지점장인 나와 상무 이렇게 네 명이 나가자고 했다.

흥분을 가라앉히고 장소를 예약했다. 내 딴에는 아주 잘한다고 프라자 호텔 양식부를 선정했다. 그때만 해도 그런 걸 잘 몰라서 그냥 홀에다 예약했지만 비서실에서 알아서 룸으로 바꿔 놓고 여러 가지를 다 신경 써서 잘 준비해 주었다. 행장님을 모시고 나가서 그날 점심을 아주 잘 먹었다.

오찬 자리에서 행장은 이제 연대가 우리를 단일거래로 하여 집중 거래를 해달라고 부탁했다. 총장은 여부가 있겠느냐며 앞으로 우리를 주거래로 해서 모든 걸 다 해주겠다고 흔쾌히 약속했다.

얼마 준다고 액수를 못 박아 말하지는 않았지만 감사하다는 행장님의 의례적인 인사를 끝으로, 그날 오찬을 원만하게 잘 끝냈다.

얼마 후 등록금이 들어왔다. 그런데 등록금 마감 날 나는 사직서를 썼다. 일신상 사정으로 은행을 그만두겠다는 내용이었다. 그 사직서를 주머니에 넣고 총장실로 찾아갔다. 꾸벅 인사하고는 말했다.

"총장님 그동안 신세 많이 졌습니다. 감사했습니다. 저는 오늘 날 짜로 은행 그만두겠습니다." 그러자 총장이 의아한 표정을 지으며 도대체 무슨 일인지, 왜 그러는지 물었다.

"참, 이 말씀을 드려야 될지 모르겠는데…. 아 저어, 아무래도 말씀 드리기가 좀 거북합니다."

"왜 그래요? 무슨 일인지 어서 말씀해 보세요." 나는 총장의 재촉에 마지못한 듯 입을 열었다.

"사실은 지난번 총장님께서 저희 행장님과 오찬을 함께 하실 때, 총장님이 분명히 저희 은행을 주거래로 해서 모든 거래를 저희에게 입금하겠다고 말씀하신 것을 행장님은 등록금 전액을 예치하는 것으로 아셨습니다. 그래서 저를 불러 그것 못 가져오면 그만두라고 하시니 제가 어떻게 은행을 다닐 수 있겠습니까?

제가 학교 사정을 모르는 것도 아니고, 학교에서 등록금 전액을 다 정기예금 주신다는 것은 쉬운 일이 아니지 않습니까? 괜히 총장님께 누를 끼치느니 차라리 은행을 그만두는 게 나을 것 같아 사표를 내겠다고 그랬습니다."

내가 총장한테 책임을 전가하며 사표를 낸다고 하니까 그분도 난감한 얼굴로 나를 쳐다보며 한동안 생각에 잠기는 듯했다. 얼마 후 총장은 나를 쳐다보며 사표를 내지 말라고 했다. 그러면 총장님 말씀대로 기다리겠노라, 고맙다고 인사한 후 총장실을 나왔.

다음날 아침에 총장이 나를 부르더니 "40억을 줄 테니 행장님께 말씀 잘 드려 사표 내지 말고 잘 다니라"고 당부했다.

"노력해보겠습니다. 고맙습니다." 인사한 후 그길로 행장실에 뛰어 들어갔다. "행장님 감사합니다. 40억 받았습니다." 그랬더니 깜짝 놀라며 되물었다.

"얼마를 받아?"

"40억 받았습니다."

"대성공이다, 대성공!"

행장님도 등록금 처리 과정을 잘 아시는 터라 크게 기뻐하며 어떻게 했는지 물었다. 사실은 이것 때문에 그렇게 됐다며 주머니 속의 사표를 꺼냈다. 행장은 껄껄 웃으며 지혜롭게 잘 처리했다고 격려해주셨다.

일을 하다 보면 때마다 다른 여러 가지 상황이 있다. 이런 다양한 상황을 모두 열거하며 대처 방법이나 경험을 다 소개할 수는 없지만, 선의의 거짓말이라고 할 수도 있는 이 일화를 소개하는 이유는 일을 추진하기 위한 방법의 한 가지 예로 들어 본 것이다. 사실 거짓말이라기보다는 섭외의 기지에 관한 이해를 돕기 위한 내용이라 이해하고, 여러분들이 타산지석으로 삼아 섭외할 때 원용해도 좋으리라고 본다.

사전에 점포장과 상의한 후 섭외를 나가는 것이 제일 좋다. 그러나 현장에 갔을 때 비록 사전에 허락을 받지 못했어도 좋게 해결할 수 있는 기회가 오면 때를 놓치지 말고 잘 처리한 후 들어와서 보고하고 양해를 구하는 것이 업무를 더 잘 처리하는 셈이 되는 것이다.

그런 것도 여러분들의 중요 업무 중 하나다. 예를 들면 여신의 결정 같은 경우가 이에 속할 수 있다.

물론 그때 상대방에게는 "점포장께서 그렇게 하라고 지시했노라"고 말함으로써 신뢰감을 심어 줄 필요도 있다. 여러분이 전결로 할 수 있는 문제는 크게 구애 받지 말고 자신 있게 처리하는 것이 괜찮다고 생각한다.

중간관리자의 역할

1) 기본적 역할

이제 본론으로 들어가 중간관리자의 역할을 설명하겠다. 우선 중간관리자의 기본적 역할은 무엇인가.

보좌나 대행 같은 일이 일반적이라고 할 수 있다. 군대식으로 표현한다면 참모이고, 가정 같으면 어머니의 역할이다. 이처럼 중간관리자의 역할은 지점장과 혼연일체가 되어 지점장의 방침이나 지시에 따라서 지점의 경영이 원활히 운영되도록 보좌하는 것이다.

중간관리자는 지점장의 스타일과 자신의 성격 및 능력을 조화시켜서 지점경영의 구멍을 메우는 역할을 철저히 수행하는 일에 충실해야 한다. 간혹 중간관리자 중에는 자신을 '지점장의 단순 보좌일 뿐'이라고 생각할지도 모르지만 그렇지 않다. 중간관리자는 책임이 있는 임무를 맡고 책임을 지는 상급 관리자이지 지점장이 끌고 가는대로 굴러가는 수레가 아니다. 그렇기 때문에 항상 자신의 의견을 갖고 지점장과 대등한 입장에서 지점을 이끌어 가야 한다.

나는 지점장의 판단만으로 모든 것을 결정하지 않도록 하는 것이 중간관리자의 역할이라고 생각한다. 지점장의 성격, 그의 강점과 약점을 잘 파악해서 부족한 부분을 서로 보완하며 기쁨과 고통을 공유하는 파트너가 되지 않으면 안 된다.

중간관리자가 지점장이 된다고 해서 저절로 지점장의 역량이 몸에 배는 것은 아니다. 미리 다 습득을 하고 또 그렇게 경영해봐야 되는 일이다. 그래서 중간관리자 시절부터 지점장의 단순한 보좌역이 아닌 예비 지점장으로서의 역할을 수행해야 한다.

2) 지점 경영면에서의 역할

은행의 영업점은 물리적으로 분리되어 있다. 점포가 따로 독립되어 떨어져 있고, 그런 점포에서 수십 명의 직원이 영업하고 있는 점을 감안해 보면 한 점포가 곧 하나의 중소기업이라고 생각할 수 있다.

이렇게 볼 때 차장은 부사장의 역할뿐 아니라 사장 비서라든가 영업 본부장, 사업 본부장, 홍보부장 등을 겸무하는 폭넓은 역할을 담당하고 있다.

중간관리자는 지점장이 갖춰야 할 경영이념과 각 방면의 각론까지도 정확히 알아야 하며, 지점장보다 자세히 각 방면에 신경을 써야 하는 위치라고 생각한다. 은행 점포가 중소기업이라고 가정해보면 부사장의 역할로는 우선 거래처나 지역행사, 본부회의 등의 대리 참석과 지점장 부재시의 결재, 내장객에 대한 응접 등이 있다. 또한 지점장에게 점포경영에 관한 의견을 직접 개진하여 지점장의 상담 상대가 되어 주기도 하고 지점장과 직원간의 가교 역할도 중간관리자가 해야 한다.

사장 비서의 역할로는 지점장의 스케줄 관리라든가 건강관리 등의 보좌가 있다.

3) 영업 본부장의 역할

영업 본부장의 역할로는 각 업무 담당계의 총괄이나 조정 및 업무추진목표의 관리업무 등이 있다. 일례로 A라는 거래처는 지점장이 자주 가는 반면 B라는 거래처는 잘 가지 않는다면, 영업 본부장이 지점장을 대신해 그 거래처를 방문하고 신경 써주는 역할을 해야 한다.

부실채권발생의 사례를 보면 그 지점 중간관리자의 검토가 불충분했음을 지적할 수 있다. 여신 판단이나 관리는 중간관리자가 냉정하게 행해 주어야 한다.

대개 점포장의 뜻에 따라서 맹종하다 보면 부실채권이 많이 발생하게 된다. 하지만 중간관리자가 제 판단을 갖고 "이 대출은 하면 안 된다. 해야 하면 금액을 줄이자. 아니면 다른 것을 이렇게 보완하자" 이런 식으로 결정하면 절대 부실채권은 발생하지 않는다. 설령 부실이 발생돼도 지점장은 최종적으로 나서야 될 사람이고 책임을 질 사람이지만, 중간관리자가 직접 앞에 나서서 챙기고 일을 처리하면 채권확보도 빠르고 보완이 되는 경우가 많다.

4) 사무 본부장과 총무부장의 역할
사무 본부장은 사무처리의 명확성과 효율성의 향상을 위해 책임자에게만 맡기지 말고 진일보된 관여를 해서 직원의 관심을 높이기 위한 일들을 해야 한다. 특히 바쁜 날은 직접 중간관리자가 검인 등의 응원을 하는 것도 좋다.

또한 방범, 방재 등의 사고방지 대책과 이러한 사고 발생시 대응방안 강구 및 각종 경비 등에 신경을 쓰고 예산을 관리하는 문제도 있다. 이런 중요한 역할은 총무부장의 일이다.

중간관리자가 가져야 할 마음가짐

중간관리자는 실질적인 지점 경영인으로서 문제가 발생할 경우 자신이 직접 책임진다는 자세와, 자신이 지점장이라는 마음 자세로 업무에 임해야 한다. 업무 수행상 지점장의 방침과 다른 의견을 개진해야 할 때가 많을 수 있다. 상관에게 직언하고 그것을 받아들이게 하려면 평소 중간관리자의 안목과 식견이 높아야 하므로 항상 모범적인 언동과 자기계발로 실력을 쌓아야 한다.

지점 전체의 업적을 책임지고 있는 지점장은 우선 자신의 평가와 지점의 업적을 다 연결해서 '내가 있는 동안에 실적을 좀 올려야 하지 않는가?' 하는 단기적 업적 지향을 위해서 뛰는 반면, 중간관리자는 항상 지점의 영속적 발전을 위한 중장기적 발전을 도모하는 사업 추진의 입장이어야 한다. 지점장이 큰 것을 노리면 중간관리자는 주변을 꼼꼼이 챙겨야 한다. 앞으로 점포가 나아갈 방향을 깊이 생각하고, 점포의 특성을 감안해 여러 가지를 염두에 두고 행동해야 한다.

또 중간관리자는 지점장뿐 아니라 부하직원에게도 우선적으로 마음을 써 주어야 한다. 특히 책임자에게는 적당량의 운영 자율권도 주고 계원에 대해서도 애정 넘치는 대화로 부하의 욕구나 불만을 우선적으로 파악해서 해결해주어야 한다.

특히 불만이 한도를 넘으면 동료나 상사가 마찰을 일으키는 일이 간혹 발생한다. 그 마찰이 폭발하기 전에 대화로 불만에 관계된 영업 환경과 방침을 지점장에게 전달해서 가능한 범위 내에서 개선해야 한다.

원활한 의사소통이 이루어지려면 부하가 가볍게 상사에게 상담할 수 있는 밝은 직장 분위기 조성이 필수다. 큰 잘못이나 고객과의 마찰 등 껄끄러운 이야기라도 상사에게 보고해야 조기에 수습할 수 있다는 생각을 직원들이 갖게 해야 하는 것이다. 그래야 문제가 생겨도 빨리 수습할 수 있다. 의사소통이 잘 되지 않으면 서로 문제를 감추는 데

급급하게 되고, 그렇게 되면 오히려 조기에 수습해 마무리할 수 있는 일도 더 크게 확대되어 버릴 수 있기 때문이다.

　이상과 같은 분위기의 조성에 의해서 집단의 단결이 보다 강해지고 부하의 자발적 참여의 분위기가 높아지며 이러한 리더십을 인간지향의 리더십이라 하며 업적을 위해서 부하를 이끌어 가는 업적지향의 리더십과는 다른데 이 두 경우가 균형을 이루도록 해야겠다.

　이처럼 중간관리자의 역할은 바쁘고 고달프지만 보람 있는 자리이고 역할인 것은 확실하다. 숙달되고 우수한 중간관리자가 있는 점포일수록 지점 경영은 잘된다고 볼 수 있다.

중간관리자의 책임

중간관리자의 책임을 다음 몇 가지로 나누어서 살펴보겠다.

1) 목표관리 책임
업적 추진에 주가 되는 것은 목표관리다. 목표에는 수신목표, 손익목표, 외환실적목표 등 여러 가지가 있는데 이런 목표들은 달성할 때 그 의의가 있다.

　목표관리에 대한 중간관리자의 책임은 매우 크다. 특히 지점장이 외부 섭외에 적극적인 경우에는 그 역할이 더욱 크므로 항상 행원을 잘 이끌고 지점장을 보좌하는 입장에서 다양한 각도로 영업점을 분할 때가 많을 수 있다. 상관에게 직언하고 그것을 받아들이게 하려면 평소 중간관리자의 안목과 식견이 높아야 하므로 항상 모범적인 언동과 자기계발로 실력을 쌓아야 한다.

지점 전체의 업적을 책임지고 있는 지점장은 우선 자신의 평가와 지점의 업적을 다 연결해서 '내가 있는 동안에 실적을 좀 올려야 하지 않는가?' 하는 단기적 업적 지향을 위해서 뛰는 반면, 중간관리자는 항상 지점의 영속적 발전을 위한 중장기적 발전을 도모하는 사업 추진의 입장이어야 한다. 지점장이 큰 것을 노리면 중간관리자는 주변을 꼼꼼히 챙겨야 한다. 앞으로 점포가 나아갈 방향을 깊이 생각하고, 점포의 특성을 감안해 여러 가지를 염두에 두고 행동해야 한다.

또 중간관리자는 지점장뿐 아니라 부하직원에게도 우선적으로 마음을 써 주어야 한다. 특히 책임자에게는 적당량의 운영 자율권도 주고 계원에 대해서도 애정 넘치는 대화로 부하의 욕구나 불만을 우선적으로 파악해서 해결해주어야 한다.

특히 불만이 한도를 넘으면 동료나 상사가 마찰을 일으키는 일이 간혹 발생한다. 그 마찰이 폭발하기 전에 대화로 불만에 관계된 영업 환경과 방침을 지점장에게 전달해서 가능한 범위 내에서 개선해야 한다.

원활한 의사소통이 이루어지려면 부하가 가볍게 상사에게 상담할 수 있는 밝은 직장 분위기 조성이 필수다. 큰 잘못이나 고객과의 마찰 등 껄끄러운 이야기라도 상사에게 보고해야 조기에 수습할 수 있다는 생각을 직원들이 갖게 해야 하는 것이다. 그래야 문제가 생겨도 빨리 수습할 수 있다. 의사소통이 잘 되지 않으면 서로 문제를 감추는 데

급급하게 되고, 그렇게 되면 오히려 조기에 수습해 마무리할 수 있는 일도 더 크게 확대되어 버릴 수 있기 때문이다.

    이상과 같은 분위기의 조성에 의해서 집단의 단결이 보다 강해지고 부하의 자발적 참여의 분위기가 높아지며 이러한 리더십을 인간지향의 리더십이라 하며 업적을 위해서 부하를 이끌어 가는 업적지향의 리더십과는 다른데 이 두 경우가 균형을 이루도록 해야겠다.

    이처럼 중간관리자의 역할은 바쁘고 고달프지만 보람 있는 자리이고 역할인 것은 확실하다. 숙달되고 우수한 중간관리자가 있는 점포일수록 지점 경영은 잘된다고 볼 수 있다.

중간관리자의 책임

중간관리자의 책임을 다음 몇 가지로 나누어서 살펴보겠다.

1) 목표관리 책임

업적 추진에 주가 되는 것은 목표관리다. 목표에는 수신목표, 손익목표, 외환실적목표 등 여러 가지가 있는데 이런 목표들은 달성할 때 그 의의가 있다.

    목표관리에 대한 중간관리자의 책임은 매우 크다. 특히 지점장이 외부 섭외에 적극적인 경우에는 그 역할이 더욱 크므로 항상 행원을 잘 이끌고 지점장을 보좌하는 입장에서 다양한 각도로 영업점을 분안해 보면 한 점포가 곧 하나의 중소기업이라고 생각할 수 있다.

이렇게 볼 때 차장은 부사장의 역할뿐 아니라 사장 비서라든가 영업 본부장, 사업 본부장, 홍보부장 등을 겸무하는 폭넓은 역할을 담당하고 있다.

중간관리자는 지점장이 갖춰야 할 경영이념과 각 방면의 각론까지도 정확히 알아야 하며, 지점장보다 자세히 각 방면에 신경을 써야 하는 위치라고 생각한다. 은행 점포가 중소기업이라고 가정해보면 부사장의 역할로는 우선 거래처나 지역행사, 본부회의 등의 대리 참석과 지점장 부재시의 결재, 내장객에 대한 응접 등이 있다. 또한 지점장에게 점포경영에 관한 의견을 직접 개진하여 지점장의 상담 상대가 되어 주기도 하고 지점장과 직원간의 가교 역할도 중간관리자가 해야 한다.

사장 비서의 역할로는 지점장의 스케줄 관리라든가 건강관리 등의 보좌가 있다.

3) 영업 본부장의 역할

영업 본부장의 역할로는 각 업무 담당계의 총괄이나 조정 및 업무추진목표의 관리업무 등이 있다. 일례로 A라는 거래처는 지점장이 자주 가는 반면 B라는 거래처는 잘 가지 않는다면, 영업 본부장이 지점장을 대신해 그 거래처를 방문하고 신경 써주는 역할을 해야 한다.

부실채권발생의 사례를 보면 그 지점 중간관리자의 검토가 불충분했음을 지적할 수 있다. 여신 판단이나 관리는 중간관리자가 냉정하게 행해 주어야 한다.

대개 점포장의 뜻에 따라서 맹종하다 보면 부실채권이 많이 발생하게 된다. 하지만 중간관리자가 제 판단을 갖고 "이 대출은 하면 안 된다. 해야 하면 금액을 줄이자. 아니면 다른 것을 이렇게 보완하자" 이런 식으로 결정하면 절대 부실채권은 발생하지 않는다. 설령 부실이 발생돼도 지점장은 최종적으로 나서야 될 사람이고 책임을 질 사람이지만, 중간관리자가 직접 앞에 나서서 챙기고 일을 처리하면 채권확보도 빠르고 보완이 되는 경우가 많다.

4) 사무 본부장과 총무부장의 역할

사무 본부장은 사무처리의 명확성과 효율성의 향상을 위해 책임자에게만 맡기지 말고 진일보된 관여를 해서 직원의 관심을 높이기 위한 일들을 해야 한다. 특히 바쁜 날은 직접 중간관리자가 검인 등의 응원을 하는 것도 좋다.

또한 방범, 방재 등의 사고방지 대책과 이러한 사고 발생시 대응방안 강구 및 각종 경비 등에 신경을 쓰고 예산을 관리하는 문제도 있다. 이런 중요한 역할은 총무부장의 일이다.

중간관리자가 가져야 할 마음가짐

중간관리자는 실질적인 지점 경영인으로서 문제가 발생할 경우 자신이 직접 책임진다는 자세와, 자신이 지점장이라는 마음 자세로 업무에 임해야 한다. 업무 수행상 지점장의 방침과 다른 의견을 개진해야

석, 대응하여야 한다. 그러기 위해서는 지점장의 입장에서 생각해야 가능하다. 새로운 목표를 정하려면 우선 지점장의 기본방침을 이해한 후 수립해야 한다. 이렇게 목표를 확립하면 구체적인 방안을 세워 추진해야 한다. 일례로 전 직원의 의견에 귀를 기울일 수 있도록 그들이 자유롭게 자기 의견을 제시할 수 있는 환경을 조성하는 것도 매우 중요한 일이다. 또한 전원이 참가할 수 있는 기회를 만들어서 상의하달보다는 하의상달이 되도록, 아랫사람의 의견을 존중하고 잘 전달해야 한다.

여러 사람의 합의에 의한 목표수립은 목표달성의 책임감을 높여준다. 아래에서부터 사람들이 서로 의견을 수렴하여 목표를 만들면 어떻게 해서라도 그 목표를 달성해내려고 하는 의지와 하려는 욕구가 상당히 강하게 나타나기 마련이다.

그러나 어떤 의견 수렴도 없이 위에서 맹목적으로 지시하면 아래에서는 하는 척하다가 마는 경우가 상당히 많다.

당일 계수파악은 중간관리자의 당연한 업무지만 예상 대비 실적 등에 큰 차질이 생기지 않도록 대응책을 강구하는 것이 매우 중요하다. 목표관리에 있어서는 자칫 소홀해지기 쉬운 부분에 신경을 써야 한다. 전 직원이 현황을 알기 위해서 자료파일을 만들어 관리하고 전 직원이 보기 쉽도록 식당 등 직원들의 출입이 잦은 곳, 전 직원이 보기 쉬운 곳에 대비표를 부착해서 정보를 공유하고 자극을 주는 것도 좋다.

관리방법에 있어서 다른 점포의 좋은 점은 과감하게 알려서 이를 잘 활용하는 적극성도 필요하다. 때로는 전 직원을 밝은 분위기로 이끌어 가는 연출가로서 지점의 나아갈 방향을 확실히 파악해서 참모 역할을 철저히 해야 지점의 업적이 증대되는 것이다.

2) 인재육성 책임

지점경영은 사람, 물자, 정보와 같은 한정된 경영자원을 활용해서 최대의 효과를 얻는 것이 최고의 목적이다. 이 중에서도 최대의 경영자산은 사람이다. 우수한 인재는 기업 간 경쟁의 승패를 결정하는 최대 요인이므로 장기적 안목에서 다음 세대를 이끌어갈 인재를 육성해야 한다.

업적 증대는 전 직원이 스스로 능력을 최대한 발휘하는 활기 있는 조직일 때 가능하다. 중간관리자는 직원 능력개발의 중추적인 역할을 수행하므로 부하 직원을 우수한 일류 사회인으로 육성해야 할 책임이 있다. 중간관리자도 스스로 한층 더 자기계발과 연마를 지속하며 성장해나가야 한다. 중간관리자가 부하직원보다 능력이 없다면 지도자가 될 수 없다. 이런 생각을 갖고 일하는 것이 가장 우선되는 핵심 요소다.

둘째로, 실력과 경력뿐 아니라 지혜와 일의 방향을 가르쳐 주어야 한다. 항상 부하의 자주성을 존중해서 공평하게 평가해야 하고, 편안한 발상과 자기계발을 할 수 있는 직장환경을 조성해서 의욕이 저하되지 않도록 해주어야 한다. 뜨거운 열정과 애정을 갖고 지속적으로 부하 육성에 힘쓰는 동시에, 부하의 잘못은 엄격하면서도 관용을 베풀며 다루어야 한다. 그들이 다음 세대를 이끌어 갈 인재라는 관점으로 바라보며 자체교육도 하고 인간적인 측면에서 다양하게 가르쳐 줘야 한다.

중간관리자에게는 항상 어려운 목표나 과제의 도전이 요구된다. 거기에 적극적인 자세를 보여야 부하직원이 배우고 따라온다. 자기 자신은 하지 않으면서 아랫사람에게만 자꾸 하라고 종용해봤자 절대 따르지 않기 때문이다.

3) 여신관리 책임

여신관리는 물론 모두 하고 있겠지만 다시금 강조하겠다. 은행의 건전한 경영을 유지·발전시키려면 은행 자산의 안정성과 유동성을 지키는 한편, 자산의 효율적 운영을 도모해서 적정한 수익을 확보해야 한다. 융자는 그 수익확보의 한 분야다.

따라서 불량채권이 발생하면 자금운용과 시간의 손실, 손익감소 등의 불이익을 초래하기 때문에 우선 불량채권 발생이 예상되는 고객은 거래 개시 전에 다시 한 번 검토하는 작업이 필요하다.

여신관리에 있어서의 정보는 재무재표에서 얻는 정보, 방문 정보와 고객 내점시에 얻는 근황 정보, 또는 지역이나 대출처의 거래처로부터 얻는 정보와 당좌결제나 어음할인 상황 등에 의한 전래정보, 업계나 타행 본부로부터 얻는 정보 등 다양하다. 이런 모든 것을 전부 다 여러분이 분석해서 여신관리를 철저히 해주어야 할 것이다. 또한 이런 정보 수집을 혼자만 할 것이 아니라 전 직원이 다같이 해야 한다. 그래서 수집된 정보들을 잘 분석하고 그냥 넘겨 버리지 않도록 관리해야 하고, 거기에 근거한 정확한 판단과 방침을 결정하는 것이 여러분의 역할이다.

또한 업무현황 파악이나 내부분석 등은 정례적인 책상 사무에만 치중하지 말고 거래처에 직접 가서 기업의 실정과 경영자의 사고를 파악하는 등 앞으로의 변화를 직접 눈으로 확인하는 것이 좋다.

항상 기업 활동에 관한 정보를 수집하고 관찰과 분석을 통해서 문제점을 조기에 발견해야 한다. 통상 기업이 도산하는 이유는 매출부진이나 허수상승 등 과대투자나 관련 업체 부도가 대부분이다. 따라서 이러한 증후를 초기 단계에 파악해야 한다. 그 방법으로는 앞서 언급한 여러 가지가 있지만 특히 당좌결제에 대금 입금 지연이라든가 차입금 증가라든가 거래은행수가 늘어나거나 구매처의 변화라든가 하는 것들과 불량품의 증가나 회사의 무기력한 분위기, 간부의 퇴직, 사장의 잦은 부재 등에서도 그 증후를 발견할 수 있다. 이를 파악하기 위해서는 매우 세심한 주의력이 필요할 것이다.

요약하자면 중간관리자는 지점장의 보좌자이면서도 자신이 지점장이라면 어떻게 할지 생각해서 대책을 세워 대응해야 한다. 불량채권 관련 업무처리도 담당 대리에게만 맡기지 말고 여러분이 직접 관련 업무를 파악해서 적극 지도하고 관리와 회수에 힘을 쏟아서 최선의 노력을 하기 바란다.

현대 사회는 매우 빠르게 돌아가며 급변하고 있다. 우리가 일찍이 경험하지 못한 개혁의 물결이 사회 곳곳, 특히 금융 산업 부문에 더 많은 변화를 요구하고 있다.

그간 사회의 일부 계층에서 일삼던 편법주의라든가 배금사상, 분에 넘치는 소비성향, 근면성의 상실 같은 사회현상을 치유하기 위한 정부의 의지가 매우 강하다. 이러한 시대적 흐름에서 살아남기 위해서는 우리 스스로의 자구 노력이 절실한 상태다. 특히 은행에서 가장 중추적인 역할을 담당하고 있는 여러분이 해야 할 일은 엄청나게 많다. 은행과 금융 산업의 미래가 여러분에게 달려 있다고 해도 과언이 아니다.

어느 날 텔레비전에서 고싸움을 소개하는 프로그램을 보았다. 고를 만드는 것을 보니 지푸라기로 계속 꼬는데, 세 사람이 꼬아서 그것을 함께 엮는다. 그때 새끼를 강하게 하려고 소금물을 뿌려서 좀 불린 후에 다시 또 멍석 말듯이 말고 그 위에 새끼를 다시 감는 일을 반복하는 등 시간도 많이 걸리고 정성도 들어간다. 전통민속사례연구소 소장의 해설을 들어보니, 짚으로 만든 고 하나에 5킬로그램의 무게가 달린다는 것이다. 더러는 3킬로그램이 달리는 것도 있고 아예 떨어져 나가는 것도 있다.

더 놀라운 것은, 이런 기준으로 계산하면 짚 5개가 15~25킬로그램 정도의 무게를 견딜 것 같은데 그렇지 않다. 그 힘이 기하급수적으로 늘어나서 지푸라기 열 개면 100킬로그램 이상을 달 수 있는 것이다.

지푸라기에는 생명력이 없다. 이런 무생물마저도 함께 뭉치니까 이처럼 엄청난 힘을 발휘하는데, 하물며 생명력 있는 사람인 경우에야 말해 무엇하겠는가? 그 힘은 대단한 폭발력을 가지고 기하급수적으로 자꾸 커질 것이 아니겠느냐면서 소장은 이 말로 이야기를 맺었다. "이렇게 우리가 협동하면 세계를 지배할 수 있지 않겠나? 누가 뭐라 해도 안 되는 일이 없을 것이다."

나는 그때 계산을 해보았다. 당시 우리 직원이 약 9,600명 정도였고 이들이 각 점포에 30명, 50명, 60명, 많은 곳은 100명까지 배치되어 있다. 이렇게 각각으로 독립된 점포들이 단결해서 다시 은행 전체적으로 뭉쳤을 때 천만 명 이상의 효과를 낼 수 있다는 생각이 들었다.

수많은 사람들이 어렸을 때부터 세 형제와 세 화살에 관한 옛날이야기를 들어보았을 것이다. 아버지가 세 형제에게 화살 하나씩을 주고 꺾어 보라 했다. 셋 다 손쉽게 꺾었다. 그러나 아버지가 화살 세 개를 한꺼번에 꺾으라고 하니 아무도 꺾지 못했다. 하나는 쉽게 꺾을 수 있지만 세 개를 한꺼번에 꺾기란 어려운 일이다. 옛날부터 부모님은 이런 이야기로 자녀들에게 단결을 가르친 것이 아닐까.

단결하라. 뭉치면 산다. 누구 탓만 하지 말고 점포 나름의 특성을 살려서 점포장을 위시해서 다같이 똘똘 뭉쳐 일하면 안 될 것이 없으리라고 생각한다.

4) 손익관리 책임

손익관계에 대해서 살펴보겠다. 우선 은행 전체 평균에 비교해 볼 때 대출 수익률과 자금 조달 비용율이 은행 전체 평균에 비해 볼 때 어떤 상태인지 각 점포가 점검해보기 바란다. 여러분이 직접 챙겨서 우리 점포의 무엇이 나쁜가? 이것을 어떻게 개선하면 되는가? 이런 것들을 직접 점검해보는 것이 중요하다.

경영의 합리화를 통해서 비용 절감과 양질의 수신 증대를 해서 수익을 증가시켜야 모두 더 나은 대우를 받을 수도 있을 것이다. 금융 자율화가 진행됨에 따라서 향후로는 경영성과에 따라 직원 처우가 각

행마다 차이 나는 것은 물론, 직원 상호간에도 급여 차이가 있으리라 예상된다.

지금 은행은 전결권을 하부에 이양하고 신상품 개발과 각종 체제 개선 등으로 직원들의 활동범위를 넓혀 가고 있다. 과거의 안일한 근무자세로는 전쟁터 같은 치열한 현실에서 살아남을 수 없다. 고객 요구를 정확하게 파악하여 충족시키고, 직원 간의 단결된 분위기를 조성해서 모두 일사불란하게 뛴다면 과거 누렸던 명성을 되찾는 것은 시간문제일 것이다.

보석도 자꾸 닦아야 빛나듯 여러분의 잠재능력을 사장시키지 말라. 진정으로 빛을 내고 실력 발휘를 할 때가 바로 지금이 아닌가 한다. 건투를 기원한다.

39
한국 금융산업은 미래를 어떻게 맞을 것인가?

금융환경의 어제와 오늘

60년대 이래로 우리 경제가 괄목할 만한 성장을 해왔던 것은 사실이다.

그러면 경제 규모와 질적 수준을 놓고 성장 상황을 살펴보겠다. 60년과 96년의 경제 규모를 비교해보면 우선 1인당 GNP가 60년대에는 79달러, 96년에는 10,504달러였다. 수출은 60년대 3,290만 달러에서 96년도에는 1,297억 달러가 됐다.

또 자동차는 60년대 전국 30,751대가 96년에는 9,553,092대가 되

> '97년 롯데호텔 크리스탈 볼룸에서 한국인간개발원(원장: 장만기) 조찬 특강으로 금융기관의 임원·부장급 이상 및 금융관련 공직자 등을 대상으로 강의한 내용임.

었다. 60년대 쌀 한 가마는 1,368원이었던 반면 96년 말에는 36,713원이었다. 산업전체 평균 급여는 70년부터 통계가 나와 있다. 70년 기준으로 보면 17,831원이었고 96년 말에는 1,261,168원이 되었다. 이렇게 비교해 보니 36년 만에 70배에서 3,942배까지 규모가 확대되었음을 알 수 있다. 기업체 수를 비교하면 60년도에 대기업이 전부 170개, 중소기업은 41,350개였다. 그러나 90년도에는 대기업이 15,080개, 중소기업이 2,613,700개로 늘었다.

경제 규모와 질적 수준에서 이렇게 커졌는데 은행산업은 어떻게 달라졌는지 비교해보겠다. 60년에 은행은 전부 7개가 있었다. 시중은행 5개와 산업은행, 농협이었다. 96년에는 한국은행을 제외하고 33개가 되었다. 또 60년도에 전부 724개 정도였던 점포가 96년에 7,445개로 늘어났다. 해외 점포를 제외한 숫자다. 총예금은 60년도에 은행권을 모두 합쳐 141억 원이었던 것이 96년에는 17조900억 원으로 확대됐다.

규모에 따라 내용은 어떻게 바뀌었나 보자. 정부는 경제개발이 급속히 이루어지는 과정에서 자금 지원을 원활히 하고 확대해야겠다는 생각으로 제2금융권을 급속히 신설하기 시작했다. 그러다 보니 은행 위상이 흔들리게 된 것이 사실이다. 그때만 해도 은행 하면 인재가 모이는 직장으로 손꼽혔고 은행원은 신랑감 후보 5위 안에 들었지만 지금은 100위가 될까 말까 한다. 선호하기는커녕 걸핏하면 언론에 두들겨 맞기 일쑤인데다, 사람들은 은행 문턱이 높다며 과히 선호하지 않는다.

제2금융권의 신설과 70년대 후반의 종합상사, 대기업의 성장으로 인해 인재 집단으로 불리던 은행의 우수 인력이 대거 이탈하는 현상이 일어났다. 그래서 과거에는 은행 출입하는 사람들과 기업에 있는 사람들은 은행에 와서 외환업무, 국제업무, 여신 업무 등을 배웠는데 지금은 오히려 거꾸로 은행원들이 배워야 할 상황에 처해 있다.

요즘 언론에 금융기관의 M&A나 빅뱅 관련 기사가 많이 등장하고 있다. M&A를 제일 먼저 한 은행이 한일은행이다. 1932년 우리 한일은행은 조선신탁주식회사로 출발했다. 상공은행과 조선신탁은행이 합병하여 조선신탁주식회사가 탄생된 것이다. 그 이후에 흥업은행으로 행명을 바꿨다. 그러다 보니 영문 표기 첫머리가 Hung이 되는데 이는 동사 hang의 과거형이기도 하다. 외국인에게는 '목매달다'는 의미로도 들릴 수 있는 것이다. 그래서 다시 이름을 한일은행으로 바꾸었다. 국제화에 제일 먼저 발맞춘 셈이다.

이렇게 1932년에 합병해서 수십 년이 흘렀다. 합병의 후유증은 당시 재직했던 직원이 전부 퇴직하고 나서야 사라졌다.

60년과 96년을 비교하면 한일은행은 점포 수 35개에서 440개로 늘었다. 직원 수는 1,368명에서 8,685명으로, 총 수신은 37억 원에서 25조8000억 원으로 늘었다. 예대마진율은 60년에 13.7%에서 3~3.5%로 아주 저조해졌다.

이처럼 영업환경은 엄청나게 변했다. 내가 입행할 때만 해도 영업점 안에 '친절 신속 정확'이라는 문구를 고객들에게는 보이지 않는 자리에 붙여 놓았다. 그런데 지금은 한일은행뿐 아니라 어느 은행을 가 봐도 그런 문구를 찾아볼 수 없다. 왜 그럴까? 은행은 이제 직원들이 그 요소들을 몸에 다 익혔다고 생각해서 그런 것 같지만 사실은 그렇지 않다.

　나는 고객 만족, 고객 감동이라는 것은 친절, 신속, 정확이라는 세 가지로 끝난다고 생각한다. 그런데 이런 정신이 다 사라지고, 각 은행들은 이제 와서 새롭게 고객 만족이다, 고객 감동이다 이야기하며 이런 운동을 전개하고 있다.

　그때만 해도 재미있는 에피소드가 많았다. 지금은 모두 실명제를 하니까 그런 사례가 없지만, 그때는 통장을 새로 만들 때 자기 본명을 쓰는 사람보다 예명이나 차명을 쓰는 사람도 많았다. 심지어는 직원들을 아주 당혹하게 만드는 장난을 치는 사람도 있었다. 어떤 고객은 돈 몇 천 원 가지고 와서 여직원에게 가서 통장 신청서에 '여보'라고 이름을 썼다. '사랑해'라고 쓰는 사람도 있고 욕을 쓰는 사람도 있었다.
　요즘은 번호표를 뽑아 순서대로 처리하지만 옛날에는 번호표를 받아 순서대로 하는 제도가 아니라 내부 기계를 사용했다. 그래서 통장계에서 통장을 발행해 가지고 손님을 불러야 했는데, 이런 짓궂은 장난기 어린 별명의 통장을 들고 차마 부를 수 없어 얼굴이 빨개진 여직원들이 남직원에게 도움을 청하곤 했다.
　또 하나, 60년대 후반부터 70년대 초반까지 은행은 외국 관광객에게 환전뿐만 아니라 관광 명소이기도 했다. 우리나라 사람은 손재주가 좋다. 지금은 계산기로 모든 계산을 하지만 그때만 하더라도 주판이나 손으로 화폐를 정산했다. 신권 한 다발을 부채꼴로 펴서 세면 10초 이내에 다 끝났고, 외국 사람들은 그 광경을 보고 "원더풀!"을 연발하며 사진을 찍곤 했다. 지금은 그런 멋을 찾아볼 수 없다.

역시 실명제에서는 할 수 없는 일이지만, 보증수표라는 것이 있다. 돈세탁이라고 이야기하는데, 창구에서 어떤 손님이 돈을 가지고 와서는 직원에게 이거 넣었다 빼달라고 한다. 처음에는 나도 넣었다 빼달라는 이야기가 무슨 뜻인지 몰랐다.

그때만 해도 구좌에 입금했다가 다시 지불되지 않으면, 타행 보증수표는 오늘 입금시켜서 내일 교환에 들어가서 자금화되지 않으면 지불되지 않았다. 그러다보니 당장 돈은 써야하는데 쓸 방법이 없을 때는 잘 아는 직원한테 와서 바로 현금화를 시키곤 했다. 현금화시키는 방법이 구좌에 입금시켰다가 바로 지불해달라는 것이다.

직원의 대답이 걸작이다. "넣기만 하고 빼지는 마세요." 예금을 많이 해달라는 이야기다.

이처럼 은행이 규모가 커지고 질적으로 발전했다지만 그때와 지금을 비교해보면 환경 자체가 엄청나게 바뀐 것이다. WTO라든가 OECD 가입으로 인해 국내자본시장이 빠르게 개방되고 있으며 금융 자율화와 규제완화로 인해 급속도로 변하고 있다. 그럼 여기에 우리 은행들은 어떻게 대처할 것인지가 가장 시급한 문제로 대두되고 있다.

두 번째는 정보통신 발달로 인한 텔레뱅킹, 폰뱅킹, 홈뱅킹, 인터넷뱅킹, 버추얼뱅킹과 같은 문제가 대두되고 있다.

한창 산업 성장이 이루어지던 70년대에 은행은 대개 산업자본 조달에만 매달려서 타 산업에 대비해서 성장이 둔화되었다. 게다가 정부의 평준화 정책으로 인해 금융기관이 발전할 수 있는 기회를 상실했다. 중동 건설 붐 때문에 기업들이 산업구조 조정이나 기업 정상화, 산업 합리화 등으로 여신을 많이 안고 넘어가게 되었다. 그렇다면 사실 그 은행으로 봐서는 자금도 상당히 어렵고 여러 면에서 지원이 불가피한 입장이었다. 70년대 후반에서 80년대 초까지만 해도 참 어려운 은행들이 많았다는 뜻이다.

우리나라에 세계 100대 은행에 들어가는 은행은 하나도 없다. 다만 우리 한일은행만 128위에 랭크되어 있다. 이렇게 70년대하고 지금 현재 위상 차이가 어떤 요건 때문인지 살펴보았다. 우선 규모면에서 볼 때 70년대 이후에 제2금융권이 비대해졌다. 그로 인해 은행권이 금융시장에서 점유비가 상당히 낮아지고 위상이 축소되었다. 인력구조에서 제2금융권이나 기타 산업이 급성장하면서 지속적 연수나 인력 수급에 대비를 하지 못해 전체적인 인력 구조가 취약해진 것이다.

여신 기법에 있어서는 과거에 부동산 담보라든가 정책 대출 위주로 하다보니까 신용 리스크 관리 기법이 상당히 미흡한 수준이다.

이렇게 은행과 기업과의 거래 관련을 보면 기업들이 신용 거래의 축적보다는 다만 편하기 위해서 복수로 거래하는 형태가 많았다. 기업은 기업 나름대로 제2금융권이나 그런 방면 쪽을 많이 활용하지 않았나 생각한다.

이런 현상이 초래된 원인은 무엇일까. 지금도 수요가 많지만 그 당시에는 수요가 폭발적으로 늘어난 반면 공급은 상당히 모자라는 상황이었다. 그러다 보니까 은행 문턱이 높다, 너무 도도한 자세 아니냐 등의 혹평이 뒤이었다. 일부에서 그렇게 해온 것 또한 사실이다.

기업도 책임이 있다고 본다. 외국계 금융기관에서 대출 받은 기업인은 반드시 기일에 변제해야 한다는 강박관념을 갖고 있다. 그런데 그들과 대화해보면, 국내 금융기관에서 대출 받은 사람들은 기일 안에 꼭 갚아야 한다고 생각하는 사람이 그렇게 많지 않다. 왜냐고 물어보니까 "국내 금융기관에는 갚으면 다시 쓰기가 힘들다. 그래서 제때 갚지 않고 어떻게든지 연장 조치를 하고 계속 끌고 나가는 것이다."

"그럼 외국계 은행은 왜 갚습니까?"

"거기는 갚으면 금방 내주더라. 그건 약속 이행의 확신을 국내 금융기관이 갖지 못해서 그런 것 아니냐? 국내 금융기관도 그러겠다고 약속하면 미리 딱 갚아 놓고 쓰겠다."

그러나 그 당시에는 장담할 수 없었다. 정부에서 별안간 자금을 축소하는 경우가 있기 때문이다. 통화량이 급격히 늘어 물가에 영향을 미치면 자금을 일체 회수하는데, 그러면 은행은 꼼짝도 못하는 경우가 가끔 있었다. 그러다 보니까 과거에 자금 운용과 기업들의 대출 수요의 상관관계가 많지 않나 생각된다.

게다가 과거 기업하는 사람들 중에는 남는 자금으로 사업 외에 부동산에 투자하는 경우도 있었다. 그때만 해도 기일에 가서 갚지 않고 부동산 투자를 하면 거의가 갑절 이상으로 남았다. 그러다 보니까 '부동산 투자를 못한 기업만 바보다. 정상적으로 기업한 사람은 손해만 봤지 않느냐'는 얘기까지 나오는 한때가 있었다.

WTO와 OECD에 가입해 무한경쟁시대로 돌입했고 국제화・세계화가 급진적으로 진행되고 있는 현실이다. 은행도 규모나 영업 업무 영역, 신상품 개발 등을 완전히 새로운 경영전략으로 대처해야 한다.

변화의 시대에 맞는 적절한 전략이 절실한 시점이다.

한일은행의 미래 준비

그래서 내가 행장 취임 후에 행한 우리 은행의 사례들을 이야기하고자 한다. 나는 1994년 11월에 행장이 됐다. 물론 그 전부터 여러 가지 구상을 했지만 최고권자와 차상위자하고는 시각의 차이가 엄청나게 컸다. 당시 우리 은행에는 '이래서는 안 되겠다. 과거 금융권 전 부문에서 수위를 했던 은행이 왜 이렇게 침체되었는가? 앞으로 펼쳐질 무한경쟁 시대에도 이 상태라면 우리 은행도 망하지 않겠는가?' 하는 위기감이 전 직원에게 확산되어 있었다.

그랬을 때 내가 주창한 것이 바로 경영혁신, 자율 경영 334운동이다. 334 운동을 전개하기 전에 이런 생각을 했다. '우선 내가 직접 해야 되겠다.' 요즘 투식스투(2-6-2) 이론이나 개미이론과 같은 혁신 운동을 많이 주창하고 나서지만 몇 퍼센트가 참여할지는 아무도 장담할 수 없다. 그래서 주관한 내가 앞장설 수밖에 없었다. 그 다음에 분신처럼 움직여야 할 몇 팀을 별도로 만들어야겠다 싶어 경영혁신실을 새로 신설했고 CS팀과 연수팀도 새로 만들었다. 이렇게 세 부서가 주도적으로 해나갈 수 있도록 시작했다.

아마 어느 직장도, 특히 금융권에서 이렇게 색다르게 혁신 운동을 한 곳은 없었을 것이다. 내가 정한 경영방식은 "변하자, 뭉치자, 뛰자"였다. 은행권에서는 볼 수 없는 색다른 방침이었는데 전 직원이 호응해주었다.

자율 경영이라고 하는 것은 3대 혁신 기초에 두었다. 3대 혁신 기초의 첫째가 3Hi이다. 하이는 한일은행(Hanil Bank)의 약자도 되고 높다는 뜻의 'High'의 앞글자도 된다. 첫째가 하이 퀄리티(High Quality), 둘째가 하이테크(High Tech), 셋째가 하이 바이탈리티(High Vitality) 이렇게 3Hi를 정했고 그 다음엔 BIG3 CS이다. CS의 완성은 주주고객, 내부고객, 일반고객 이 세 고객을 모두 만족시키는 것이다. 네 번째는 4대 실천 운동으로 선배 모시기, 성공 동반자 되기, 끝내는 시간 지키기, 이웃사랑 나누기로 정했다.

먼저 하이 퀄리티에 대해 살펴보자. 자산의 질을 어떻게 높일 것인가? 고금리를 조달해오거나 여신의 부실대출을 어떻게 축소시키면서 자산의 건전성을 유도할 것인지 생각해야 한다. 또 하나는 고객에게 서비스할 때 얼마나 훌륭한 양질의 서비스를 할 것인가 하는 관점에서 하이 퀄리티를 주창했다. 그 외에도 심사기법, 전산기술과 같은 여러 가지 기법을 높여가야 할 것이다. 그 다음이 바이탈리티 활성화다. 이런 세 가지 목표를 달성함으로써 하이 퍼포먼스를 유도할 수 있으리라 생각했고 이 모든 고객 만족은 내부 고객 만족에 있다고 생각했다.

그래서 먼저 우리 직원부터 만족시켜야겠다고 생각했다. 앞서 말했듯 내가 입행할 당시만 해도 약 40개였던 점포가 열 배 이상 늘었다. 그래서 본점의 부서와 임원 모두, 즉 본부 부서의 고객은 각 지점이라고 할 수 있다. 내부 고객, 그러니까 지점을 만족시키는 방법을 찾는 차원에서 여러 가지를 시행했다.

첫째, 직원들에게 고마움을 표시한다. 그래서 95년 초 나는 직접 출입구에 나가서 들어오는 모든 직원에게 인사하기 시작했다. 2천여 명이 되는 본점 직원들에게 인사한 것이다. 이렇게 시작하니 임원들도 적극 동참했다. 얼마 지나지 않아 각 부서의 부장급 전 직원도 함께하여 5~6개월 동안 인사 운동을 실시한 바 있다. 그러다 보니까 인사 운동은 전 점포에 확산되었고 직원들은 은행을 찾아오시는 모든 고객에게 인사하기 시작했다.

우리나라 사람들에게 아직도 모르는 사람에게 인사하기는 어색한 일이다. 사무실에 찾아오시는 손님에게도 인사를 잘 하지 않는데 객장에 오는 손님들에게 잘할 리 없다. 몇 군데 점포를 나가보니 직원들이 한결같이 이렇게 응대했다.

"어떻게 오셨습니까?"

나중에는 한 고참 직원에게 물어보았다.

"지금 뭐라고 그러셨습니까? '어떻게 오셨습니까?' 라고 했죠?"

"네, 그렇습니다."

"이왕이면 '어서 오십시오. 무엇을 도와드릴까요?' 라고 인사하는 것이 어떨까요? '어떻게 오셨습니까' 하면 취조하는 느낌이 들어 반갑지 않다는 느낌을 줍니다."

대부를 하러 왔든 입금을 하러 왔든, 통장 분실신고나 민원 관계 때문에 왔든, 은행을 이용하기 위해 오는 손님에게 어떻게 왔냐고 묻기보다는 먼저 인사를 하고 무엇을 도와드릴지 묻는 것이 좋을 것이다.

그리고 내게 직접 직소할 수 있도록 사무실 컴퓨터와 팩스, 전화를 개방했고 문도 완전히 열어 놓았다. 지금은 많이 줄었지만 처음에는 매일 15~20건씩 들어왔다. 그러면 내가 선정해 검토한 후 의견을 낸

직원에게 '의견을 받았으니 검토해서 연락해주겠다'고 통보했다. 그래서 내가 실시할 건 실시하고, 정리할 건 정리하고, 연구 검토가 필요할 것은 해당부서로 넘겨서 처리했다.

이듬해에는 재·부재등(在不在燈)을 정기 주총 이후에 완전히 없애버리기도 했다. 20~30년 동안 갖고 있던 표시를 없애니 부장과 임원들은 상당히 당황했다. "행장이 계신지 안계신지 어떻게 아느냐?" 이전 상무였을 때 나도 그 표시를 보며 '전무가, 부장이, 행장이 지금 자리에 있구나' 하고 그것만 쳐다봤다.

그래서는 효율적으로 일할 수 없다고 생각했다. 그래서 재부재등을 완전히 없애버리고 그 대신 아침 8시 반부터 9시 반, 4시 반부터 5시 반까지 결재 시간을 주었다. 그 시간 외에는 사람들의 출입을 금하고 급한 상황이 있으면 전화를 하라고 일렀다. "무엇 때문에 자꾸 행장실에 들어와 아주 중요한 일도 아닌데 보고하려고 하는가? 또 결재하고서도 하루 종일 앉아 있다가 왜 결재도 잘 못 받는다고 불평하는가?" 그래서 재부재등을 없애고 나니까 몇 달 지난 후 정착됐다. 하루에 딱 두 번 결재 시간을 정해주었으니 나머지 시간에는 현장을 뛰라고 지시했다. 점포에 나가 본부와 지점이 어떻게 연계되고 불편한 점이 무엇인지 직접 검토하여 그 자리에서 해결하도록 말이다. 이것이 바로 현장 지원이라고 생각했기 때문이다.

그 다음으로는 점포장들의 본점 출입을 아예 금해 버렸다. 정식 회의나 본부가 필요로 해서 점포장을 부를 때 외에는 출입하지 말라고 내가 직접 지시했다. 서울 시내는 교통정체가 극심하다. 미아리나 등촌동 공항 쪽에서 본점을 왔다가려면 3시간 넘게 걸리기도 한다. 그렇게 본점에 오면 용무만 잠깐 보고 가는 게 아니라 각 부서를 다 돌면서 담배도 한 대씩 피우고 담소도 좀 나누다 보면 하루가 다 가버린다. 그러면 그 점포의 일은 누가 한단 말인가. 그래서 아예 점포장들의 본점 출입을 금지시켜 버렸다. 다만 해당 지역의 본부장하고 여신 협의 등 모든 걸 다 처리할 수 있도록 본부장에게 전무의 역할을 다 주었다. 검사부와 인사부까지 동원하여 쓸데없이 본점을 출입하는 점포장의 리스트를 요구하고, 앞으로 인사고과에 반영하여 직접 영향을 주겠다고 발표했더니 딱 끊겼다.

아까 언급했듯이 점포가 440개였는데 빌딩가에 잘 맞는 점포장, 시장가에 적성이 맞는 점포장, 공단이나 아파트 혹은 주택가, 지방에 맞는 점포장의 특성이 다 다르다. 그런데 점포장 나갈 때가 됐다고 해서 각 사람들의 적성을 따지지 않고 무작정 내보내면 손실이 아닐 수 없다. 점포장들이 자기 능력을 십분 발휘할 수 있도록 점포의 특성에 맞게 개개인의 적성을 평가하여 데이터를 구축한 후, 그걸 토대로 하여 발령을 내는 시스템도 갖추고 있다.

과거에는 영어나 일어와 같은 외국어를 약간 하거나 부탁하면 해외 점포에 나가는 경우도 없지 않았지만, 내가 행장이 된 이후로는 그런 관습을 용납하지 않았다. 누구나 다 나갈 수 있는 자격을 부여한 대신 시험을 의무적으로 봐야 했다. 토익뿐 아니라 내가 직접 영어와 회화 시험을 보고, 해외 점포에 잘 맞는지 아닌지 인사위원회에서도 검토한다. 그렇게 해서 순서대로 발령하고 있다.

이처럼 인사의 공정화를 기하는 동시에 회의 때마다 나와 전무가 직접 의식 교육의 강사 역할을 하고 있다. 의식 전환이야말로 기본이

IMF 경제살리기 지원통장 가입신청서에 서명하는 김대중 대통령(1998년 5월 청와대).

자 토대이며 경영 혁신의 제일 과제라고 생각한다. 은행은 혼자 동떨어져 있는 조직이 아니기 때문에 사회와 이웃과 함께하며 그들에게 봉사하는 은행상을 정립하기 위해 모든 개혁 계획을 추진하고 있다고 할 수 있다.

이제 은행도 차별화된 전략을 세워야 한다. 고객이 선호하는 은행을 선택하는 시대로 바뀌었기 때문에 이 은행이 어떤 성격의 은행인지 고객에게 알려줄 필요가 있다. 독특한 서비스가 있는지, 문화산업에 관심이 많은 은행인지 등 여러 가지로 차별화해야 한다는 판단 하에 '통일을 미래로' 통장도 발매한 적이 있고 '문화사랑 통장', '경제 살리기 한마음 국민 저축통장'도 내가 직접 나서서 발매한 사례가 있다.

과거부터 지금까지 30대 기업의 주거래 은행이 제일 많은 은행이 바로 우리 은행이었다. 그러다 보니 대출구조를 약간 변경할 필요를 느꼈는데, 30대 계열 기업을 줄이는 것이 아니라 중소기업과 가계 쪽으로 확대해서 어느 정도의 배분을 해야 은행이 살아난다고 본 것이다. 그리하여 가계성 수신과 여신 확대에 비중을 두었고 중소기업 쪽에 심혈을 기울이고 있다.

중소기업 활성화문제를 고심하며 방향을 연구하던 중 95년 7월에 서일본은행의 고가 세이지(古賀誠二) 행장과 만날 일이 있었다. 서일본은행도 지방은행이지만 중소기업 모임을 만들어 약 2,000여개의 업체가 가입해 업종별로 세분화되어 있다. 이 업체들이 서로 컨소시움을 이루어 정보도 공유하며 협조하는데 당시 우리나라에서는 그런 시스템이 없었다. 그래서 우리도 이런 것을 만들어야겠다는 생각에서 우리 은행의 자회사인 '한일경제연구소'가 본점의 중소기업부를 도와 95년 10월에 한일비즈니스클럽을 창설했다. 현재 약 800여 업체가 등록되어 활발히 움직이고 있다. 당초 목표는 당해연도에 1,000개 중소기업체를 회원으로 받아들일 예정이었으나 기업체의 생각을 바꾸는 일이 쉽지 않았다.

나는 사람, 정보, 기술 다음으로 중요한 것이 자금이라고 본다. 그렇기 때문에 비즈니스클럽을 만들어서 프로그램을 진행하고 있다. 연구소가 정보를 수집하고 분석한 후 가입된 회원사에 매주 주간정보를 제공한다. 또한 장관이나 각계 권위자를 초청해서 조찬 간담회도 매월 1회씩 개최하고 있고 일 년에 한번 이상 세미나도 계획 중이다. 이는 회원사에게 상당히 도움이 되리라 생각한다.

또한 우리는 중소기업 전담팀을 구성하여 업무를 수행하고 있다.

점포장이라고 해도 모든 면을 100퍼센트 다 알 수는 없다. 물론 만능 선수면 좋지만 국내 조달이나 여신 방면은 잘 알아도 해외 국제 업무에는 취약할 수 있다. 일례로 벤처 기업인이 SOC업무 방면에 취약한 점포장에게 찾아가서 "돈 좀 달라"고 하면 잘 해결되기 어렵다. 그럴 때 바로 중소기업 전담팀에 연락하면 된다. 아홉 명으로 구성된 팀이 본점에서 대기하고 있다가 지점의 연락을 받으면 바로 현장에 투입된다. 현장에서 업종 등 모든 것을 다 검토한 후 직접 여신을 결정할 수 있는 결정권까지 그 팀에 부여해주었다. 단일 건수로는 140억짜리 하나를 현장에서 직접 결정한 사례가 제일 크며 그간 실적은 약 50여 건이 추계되고 있다.

또한 해외 관련 업무를 하는 중소기업이 많지만 중국이나 베트남, 인도와 같은 이머징 마켓에 새로 진출하려면 어떤 것을 준비해야 하는지 잘 모르는 경우가 많다. 가서 누구를 만나 어떻게 해야 하는지, 통역은 누구를 써야 하는지, 법률관계는 어떻게 해야 하는지, 세법은 어떻게 되는지 등의 여러 가지 문제를 해결해주기 위해 우리는 해외 20개 점포를 개방했다. 해외 점포 20개의 지점장실을 완전히 개조하여 해외 서비스 지원센터로 바꾼 것이다. 거기에 컴퓨터와 팩스, 책상을 놓고 중소기업 사장들이 직접 가면 그 방을 자기 방처럼 쓸 수 있도록 개방하고 우리 점포에 연락하면 공항 영접서부터 통역에 이르기까지 모든 것을 제공하는 시스템으로 바꾸었다. 그러다 보니 이용도가 점점 늘고 있다.

이처럼 경영혁신도 하고 제도개혁도 하고 의식전환도 하는 실정에서 코리아 리서치를 통해서 점검해보았다. 95년부터 시작해서 약 6개월 후에 한 번 점검하니 적극 참여자가 13%정도, 변해야 한다고 생각한 사람은 40~50%, 잘될지 두고 보겠다는 사람이 30%정도 나왔다. 경영혁신 운동을 계속 강행하고 6개월 후에 다시 점검하니 적극 참여자는 16%로 증가했고 변해야 한다고 생각한 사람은 60%를 상회했다. 여전히 별 생각 없는 사람들도 20~30%를 맴돌고 있다. 그래서 앞으로도 지속해야겠다고 생각한다.

미래를 위해 은행들은 열심히 노력하고 있다. 그 중에도 우리는 우선 의식 전환운동을 더 열심히 추진하면서, '열린 은행' 이라는 캐치프레이즈를 걸고 실행 중인 'Hi Step 200 운동' 을 실시하고 있다.

경영혁신으로 인한 업무 실행 상황

부도방지협약이 왜 생겼는지 궁금해 하는 사람이 많다. 사실 이 부분에 관한 은행들의 정보나 데이터가 정확하지 않아 설명이 약간 필요한 상태다. 이번 6월에 신용불량정보에 관한 법률이 통과되어 은행협회에 CRT자료가 아주 정확하게 나오지만 국내에만 한정되어 있다. 일례로 사채를 사용한 기업이 금액을 입력하지 않으면 그것은 자료로 나오지 않는다. 다만 금융권에서 쓰고 있을 때는 총계가 나올 수 있다. 그러나 해외에서 얼마나 차입되고 얼마 운용되는지는 아무도 모른다. 그래서 한 그룹에 자료를 요청한 적이 있다. 과거에는 개별회사에 대한 여신만 다루고 분석도 그렇게 했지만, 이제는 그룹 전체에 대한 재무구조를 분석해야 하고 그러기 위해서는 전체를 알아야 하기 때문이다.

그래서 그룹 파일링 시스템(Group Filing System)을 우리가 지금 기획, 준비해 놓았다. 그리고 또 그와 관련된 DB 구축이 어느 정도 되어 있다. 앞으로는 그렇게 해 나갈 것이다.

앞서 언급했듯 우리는 가계부문을 확대하려 한다. 가계 고객들을 종합적으로 평가하고 서비스할 수 있도록 스코어링 시스템(Scoring System)을 도입했다. 이 시스템은 가계 고객의 데이터, 즉 연령, 소득, 주거 상황, 과거 거래 실적 등을 종합적으로 분석해 신용을 설정하고 마케팅 대상 선정과 합리적인 개인별 여신 한도 등을 정하는 제도다.

여신 관행은 상환능력 위주가 아니라 담보 위주다. 일례로 자기 소유의 부동산이 10억 정도 있는, 이제 막 대학을 졸업한 20대 학생이 한 6~7억 대출해달라고 하면 대부분 가능하다. 그런데 현실을 직시해보면 그 사람은 현재 갚을 능력도 자원도 없다. 연봉은 얼마인지, 생활하고 이자를 내면서 갚을 수 있는 능력이 되는 건지 따져야 하는데 우리 금융 관행은 그렇지 않다. 앞으로는 그렇게 나아가야 한다. 담보가 100억짜리가 있든 10억짜리가 있든, 그것은 별개로 하고 현재 상환능력이 있는지 따져야 한다.

그 다음에 론 다큐멘테이션, 여신 서류의 전산화 시스템이다. 앞으로는 모든 서류 자체가 전산화 시스템으로 바뀌어가고 있다. 곧 시행될 것으로 전망하고 있다.

기술담보평가도 매우 중요하다. 곧 시행 예정인 금리 자유화를 살펴보자. 미국이나 일본도 금리 자유화 이후 버블 현상 때문에 불량채권을 많이 안았다. 각 은행권이 고금리 제시만 하면 자금은 얼마든지 들어온다. 그 자금을 어떻게 운용하는지가 문제다. 일본도 미국도 이 잉여자금을, 결국 돈에 대해 세일을 한 것이다. 그 대상은 부동산을 소유한 사람들이다. 미국도 일본도 부동산을 담보로 해서 대부를 많이 하다보니 버블현상으로 인해 부동산 가격이 하락했다. 결국 지금 일본과 미국의 은행권들이 큰 불량채권을 안게 된 것이다.

이를 타산지석으로 삼아 앞으로 우리나라도 부동산 가격이 어떻게 될 것인지, 부동산을 담보로 한 현재의 여신 관행을 지속할 것인지 검토해야 한다.

그래서 우리는 95년도에 전무를 버클리 대학에 보내어 미국과 일본의 사례를 전부 검토했다. 그것을 토대로 하여 앞으로 기업의 성장성, 기업 경영자의 능력과 자질, 과거 은행과 거래하던 신용의 축적 등을 전부 검토해서 부동산 위주보다는 신용거래, 신용을 담보로 한 대출을 확대해 나가는 것이 우리 은행의 기본 이념이다. 지금 그것을 하나하나 항목별로 점수화하고 있다.

또 하나는 리스크 관리 문제다. 은행 자산의 질, 즉 대출 부실을 조기에 방지하는 방법과 이미 나가 있는 부실화된 자금을 빨리 회수하는 방법 문제를 집중적으로 연구, 검토하고 있다. 부실 여부를 조기에 발견한 후 그 모델을 개발해서 활용해야겠다고 생각한 것이다. 또한 대부 금융기관에 대한 여신, 예를 들어서 파이낸셜 컴퍼니(Financial Company)나 종금사 등의 대출 문제도 검토하고 있다.

다음은 아무리 강조해도 지나치지 않는 정보화 문제다. 오래 전 이야기지만 68년도 을지로 지점에서 대리로 일할 때였다. 마침 본점의 한 부장님과 대화를 나눌 때 이런 이야기를 했다.

"저희 은행에 정보부서를 둡시다."

"너 지금 뭐라고 그랬어?"

"정보부를 두자고 했습니다."

"이 자식아, 여기가 무슨 군대인 줄 알아? 임마, 군대나 정보부 두는 거야."

나는 이해가 가지 않아서 설명했다. "제가 말씀드리는 정보부는 중앙정보부 같은 것이 아닙니다. 우리가 장사를 하려면 어느 회사가 자금이 남고 어느 회사가 자금이 모자란지, 또 어느 회사가 새 공장을 증설하는지 알아야 할 거 아닙니까? 또 해외 점포에서 한 달에 한 번씩 상품 동향보고, 정책 동향 보고 같은 여러 가지 정보가 들어오는데, 우리가 기업체한테 이런 정보도 제공하면서 같이 협조하는 시스템으로 가면 효율적일 것 같습니다. 이런 업무를 담당하는 정보부를 말씀드리는 겁니다. 어떻겠습니까?"

"다음에 네가 행장 되거든 해라." 그래서 좌절한 적이 있다. 임원이 된 이후에도 몇 번 제안했지만 하지 못했다. 정보 활용과 수집은 미래를 대비하기 위한 가장 중요한 일이 아닌가. 지금은 정보부 대신 특별섭외팀을 구성해서 SOC(국가기간산업) 문제나 종합청사의 점포 입주 문제 등 여러 가지 일이 있을 때 이 섭외팀을 가동하고 있다. 고객정보 전산시스템도 개발했고 글로벌 네트워크(Global Network)를 구축 완료 단계에 있다

그 밖에도 국제부 내에 국가별 팀을 구성하고 있다. 몽골이나 중국, 베트남, 캄보디아에 워크숍 팀을 직접 파견하여 그 나라 중앙은행 직원과 우리 직원이 함께 극기 훈련도 하면서 우리 금융에 관한 여러 지

식을 연수시켜 준 사례가 있다. 그러면 우리 직원은 그들의 문화를 이해하고 업무에 대한 그들의 열정도 알게 되어 시너지 효과도 상당히 크리라 생각된다.

다음으로 우리에게 중요한 것은 차별화 전략이다. 나는 상품에도, 서비스에도, 고객에게도 차별화 전략을 사용해야 한다고 생각한다. 시장 여건에 따른 '시장 세분화 상품'이나 다양한 기능을 가진 '복합 금융상품', 시장 금리 연동 변동에 대응한 '시장금리 연동상품' 같은 것들을 검토해야 한다.

베트남 판 반 카이 총리와 함께. 나는 은행 개혁의 방향을 성장 위주의 경영 혁신으로 정하고 사회주의권의 금융외교도 시도했다.

고객의 은행 이용 공헌도를 감안한 평가점제를 설치해서 여신 금리를 조정할 수도 있을 것이다. 우리가 소유하고 있는 연수 시설과 종합진단, 해외여행 등을 서비스하는 방법에도 차별화 전략이 고객에게 필요하다고 생각한다.

마케팅에도 차별화를 두어야 함은 물론이다. 78년도에 섭외를 위해 1점에 1억짜리 골프를 친 적이 있다. 아마 나보다 큰 금액의 내기 골프를 친 사람도 없을 것이다. 마산 지점장으로 발령받아 서울에서 내려갈 때 자동차 안에는 골프채와 낚싯대를 넣어 갔다. 마산에서 어느 분과 골프를 칠 일이 있었는데 그분이 내기를 제안하는 것이다. 승

낙했더니 내게 물었다.

"얼마짜리를 칠까요?"

"점당 1억짜리로 합시다." 지금도 1억은 큰 돈이지만 당시에는 엄청난 금액이었다. 그러자 그분은 깜짝 놀라며 현찰이 있냐고 물었다. 나는 흔쾌히 대답했다.

"아 그럼요, 많지요, 우리 금고에 얼마든지 있습니다. 대신 조건이 있는데 내가 지면 대부를 하고 당신이 지면 예금을 하시오." 그렇게 1억짜리 골프를 치고 내가 6점을 이겨서 예금 6억을 받았다.

지금은 조금 다르다. 여신을 요청할 때도 신탁대출인지 일반대출인지 당좌대출인지에 따라 다르다. 대출 기간이 장기인지 단기인지, 금리는 변동인지 고정인지에 따라 은행과 협상을 해야 한다. 은행 스스로가 여신 거래처와 섭외할 때, 대화할 때, 각각 달라야 된다. 그런데 이런 내용들은 현재 대기업 외에는 거의 다 알지 못하고 있다. 중소기업은 '그저 주는 것만 고맙다. 금리만 좀 깎아다오'라고 하는 분위기인데 그러지 말고 은행을 활용할 줄 알아야 한다. 섭외 전략도 바뀌어야 한다. 은행이 고객에게 향응 등을 받는 행위도 없어져야 한다. 그래야 은행이 발전하고 기업도 정상적인 거래를 하며 함께 발전할 수 있기 때문이다.

연간 조달한 자금은 은행에 따라서 차이가 난다. 우리 은행은 약 5조원 정도 된다. 과거에는 이 5조원의 얼마를 여신에 활용할지, 얼마를 유가증권에 투입할지, 얼마나 투자예산에 넣을 건지, 얼마를 전산개발에 투입할건지 하는 배분 비율이 없었다. 그저 주먹구구식으로 돈 있으면 여신과 유가증권을 사는 방식이었다. 그러나 이런 경영방식은 급변하는 시대에 맞지 않는다. 나는 95년부터 투자공학팀을 구성해서 데이터베이스를 완전히 구축했고 지금 모델을 개발 중이다. 조달한 자금을 더욱 효율적으로 배분·사용하고, 그 결과를 평가하고 분석하는 시스템이 필요하다는 것을 느꼈기 때문이다.

인재 양성과 인력 수립은 은행에서 매우 중요한 문제다. 그래서 우리는 직원의 개성을 최대한 존중하는 동시에 응집력을 강화하려고 노력한다. 이것은 기업 문화라고 볼 수 있다. 동일한 기업 문화를 연수받은 직원들의 집단은 상당히 강한 힘을 발휘한다고 생각한다. 그래서 인력 수립을 강화하고 인재 양성에 힘쓰려 한다.

과거 감독기관에서는 동일 업무에서 2년 이상 근무를 못하게 했다. 거래선하고 밀착하는 등 사고가 난다고 해서 금지한 것이다. 그러나 나는 그렇지 않다고 본다. 전문화를 위해서라면 오히려 5년이든 10년이든 동일 업무를 하면서 그 방면에서 최고가 되어야 한다. 그런데 현재 상황은 그렇지 못하다. 은행에 입사하면 무조건 한 바퀴 돈 뒤에 때 되면 지점장으로 나간다. 기정사실처럼 되어 있는 이 시스템 자체를 완전히 바꾸지 않으면 은행은 발전할 수 없다. 전문인을 키우는 전문화에 집중해야 한다.

파이낸셜 플래너(Financial Planner)나 파이낸셜 어드바이저(Financial Advisor), 거래처나 네트워크 관리 등은 중점적으로 연수시키고 해외 모든 직원들도 연수 중에 있다. 미국지점에 전화 걸 때 "헬로(Hello)"라 하지 않고 일본지점에 전화할 때 "모시모시" 소리가 나오지 않으면 나는 무섭게 야단친다. 또 해외지점이 "여보세요"라고 전화 받는

해외 점포장들과 회의하는 모습. 현지어를 배우고 익히려 노력함으로써 그 나라의 문화와 금융을 더욱 몸으로 체험할 수 있다고 생각했다.

것도 용납하지 않는다. 미국이든 중국이든, 일본, 독일이든, 해외 점포장이 국내에 오면 반드시 현지어로 보고하게 한다. 물론 나는 현지어를 잘 모른다. 그러나 국제부서에는 그 나라 정황과 외국어에 능통한 사람들이 많기 때문에 동석해서 내가 우리말로 질문하면 해외 점포장은 현지어로 답변한다. 그렇기 때문에 그들은 국내에 들어오면 정신없이 바쁘다. 국내에 왔으면 아는 사람들도 만나고 느긋이 쉬고 싶기도 하겠지만 현지어로 보고하려면 연습을 많이 해야 하니까 그럴 시간이 없는 것이다. 이러한 특징은 정착시켜야 한다고 생각한다.

이처럼 인재를 육성하고 모든 사람을 전문화시키고자 하나 현실은 쉽지 않다. 일정 기간 해외 근무를 마치고 국내 본사로 오면, 그 나라에서 배운 지식과 경험을 잘 활용할 수 있는 부서로 보내야 하는데 엉뚱한 변두리 점포나 국제 업무와 무관한 부서에 발령하게 되는 경우가 허다했다. 이런 인력 낭비를 줄이고 개개인의 개성을 중시하며 사기를 진작시키는 것이 가장 좋은 인력 수립 방법이라고 생각한다.

사기 진작을 위한 가장 좋은 동기 부여는 인센티브 제도가 아닐까. 대제국의 황제 칭기즈칸은 이 인센티브를 매우 잘 활용한 지도자이다. 그는 소금과 은을 잘 다루었다고 한다. 소금(salt)은 급여를 뜻하는 샐러리(salary)의 어원이다. 일정한 급여, 즉 일의 대가인 것이다. 은은 포상을 의미한다. 칭기즈칸은 훌륭한 일을 한 부하에게는 포상을 후히 내려 그들이 만족할 수 있게 해주었다. 포상으로 동기부여가 된 병사들은 용맹스럽게 전장에서 싸우고 승리를 거두었다. 이처럼 은행도 감점제가 아닌 가점주의로 나아가야 할 것이다.

나는 80년대 초에 역전지점장으로 일했다. 그곳은 우리 은행의 열 손가락 안에 들어가는 점포였다. 그때 우리가 민영화 시범은행 1호로 뽑혔다. 경영진들은 민영화 시범은행으로서의 미래 경영 방침을 어떻게 수립할 것인지 고심했다. 마침 우리 역전지점의 경영 평가를 위해 황일청 교수님이 방문했고 나는 그분께 왜 이런 걸 하는지 물었다. 일단 우리 은행 전체를 점검하고 특히 역전지점을 샘플로 연구하기 위해서라고 했다.

"그럼 이걸 해가시면 본점에 계신 높은 분들이 이것을 경영에 반영하십니까?"

"그것은 내가 모르겠네. 그분들이 알아서 할 문젤세."

"그러면 이것 하지 마십시오. 괜히 시간만 낭비하는 것 아닙니까.

다만 한 가지만 내가 제안하겠으니 이건 반드시 실현시켜 주십시오.

은행 점포는 독립채산제입니다. 점포에서 연간 업무 계획을 세워 그것에 의거해 여신도 하고, 수신도 얼마 조달하고, 경비도 정해서 쓰고 인원도 정합니다. 그러면 이익목표 연간 10억 원을 책정했을 때 내가 20억 원의 이익을 시현했다면 10억은 100% 달성했으니까, 나머지 10억 원을 재량껏 쓸 수 있는 한도를 주십시오" 했더니 그것이 가능하냐고 되물었다. 나는 그 제도를 실행하지 않으면 은행은 발전할 수 없다, 그렇게 해야 부실이 생기지 않는다고 강조했다. 결국 82년 그 제안은 받아들여지지 않아서 실행하지 못했지만 행장이 된 후 작년에 우리가 처음으로 이 제도를 실시하였으며 앞으로 정착시켜 나갈 것이다.

자율 경영에 관한 직원들의 첫 반응은 회의적이었다. '무엇을 자율적으로 하란 말인가? 이전에는 세부지침까지 다 나와서 그대로 하기만 하면 됐는데' 하며 불평하는 분위기였다. 구체적 지침을 달라는 내용의 팩스가 내게 들어왔다. 다들 타성에 젖어 있는 듯하여 분위기를 쇄신하기 위해 회의를 소집했다.

"각 점포마다 입지 여건이나 환경, 모든 게 다른데 옷을 딱 한 사이즈로만 맞춰 놓고 모두 여기 맞춰서 입으라고 하면 어떻겠는가? 키가 큰 사람이 있고 작은 사람이 있고, 풍만한 사람이 있고 마른 사람이 있는데 사이즈가 하나로 통일되어 있으면 안될 것이다. 옷은 자기 몸에 맞춰서 입어야 한다. 자기 몸에 맞는 옷을 입어라. 어떤 옷을 입으라고는 지정하지 않았다. 그러면 각 점포 직원들 모두 같이 앉아서 우리 지점의 취약점과 강점은 무엇이고 앞으로 어떻게 해야 하는지, 스

97년 청와대 만찬장에 초대받아 김영삼 대통령께 인사함.

스로 문제점과 해결책을 도출하여 중점적으로 추진할 것을 찾는 것이 최상의 방책이다. 이것이 바로 자율 경영이다." 그러자 이후부터는 차츰 실행해나가기 시작했다.

"맡기되 맡기지 않는다"는 말이 있다. 맡긴다는 것은 경영자 자신이 그 일에 대해서 완전히 알고 있는 상태에서 아랫사람에게 권한을 위임하는 것이지만, 자신이 일을 모르기 때문에 무턱대고 아랫사람에게 맡기는 것은 방임이다. 방임하면 일이 제대로 돌아가는지 점검할 수 없다. 권한 위임은 사람을 살리지만 방임은 사람을 죽인다. 아랫사람이 일을 크게 망치는 것을 사전에 미리 점검할 수 없기 때문에, 결국 사람은 파멸되고 곧 그 사람을 죽이는 결과가 나오는 것이다.

경제 규모도 바뀌었고 금융환경도 많이 바뀌었다. 무한 경쟁시대가 도래했기에 대처하지 않으면 은행이나 기업이나 살아남기 어려운 것이 사실이다.

은행이 살아남으려면 직원들을 계속 교육하고 앞으로의 빅뱅에 대비한 체제 구축이 선행되어야 한다. 그리고 차별화 전략을 구사해야 한다. 고객에게 만족을 드릴 수 있는 특단의 대책을 세우지 않으면 안 된다.

내가 항상 머리에 새겨두고 자주 인용하는 노먼 필 박사의 말을 인용하면서 끝맺고자 한다.

"끈기라고 하는 것은 한 발짝 한 발짝 착실히 걸어가는 것이다. 목표에 도달할 때까지, 소망이 이루어질 때까지, 아무리 시간이 걸리더라도 단념하지 말고 견뎌내라. 마음이 꺾이더라도 거기서 끝내지 말라. 정말 그만두고 싶더라도 포기하지 말라."

> 강의 후 인터뷰

장만기 원장 | 감사합니다. 오늘 이관우 행장을 초청한 기본 의도는, 지금 한보 사태 이후에 금융대란이 일어나 그 폭탄을 맞지 않은 곳이 없다고 생각하는데 한일은행만은 그동안 연속적으로 일어나는 금융사고에도 불구하고 비교적 건실하게 유지해 온 사실과 비결을 회원들에게 알려주고 싶어서입니다. 또한 금융 개혁위원회에서 한은과 재경원에 일어나는 커다란 변화가 논쟁 중에 있는데 금융기관들은 이에 어떻게 대비하고 있는지, 이런 실상을 가장 건실하게 경영하고 계신 한일은행으로부터 직접 듣고 싶어 마련한 자리입니다. 이 시간을 빌어 혹시 조언이 필요하시거나 그동안 고객으로서 앞으로 한일은행에 대해서 관심을 가지신 분들의 좋은 의견을 남은 시간에 듣기로 하겠습니다.

임덕규 박사 | 대체로 시중은행을 맡고 계신 분들은 임기 중에는 그냥 무난하게 계신 것이 지금까지의 관례였습니다. 지금 이 행장님이 하고 계신 모든 변화를 듣고 보니 주인의식을 갖고 열심히 하신다는 것을 새삼 알게 되었습니다.

지난 한보 청문회 때 정태수 회장이 5조의 돈을 썼는데 금융비용이 약 1조5천억 들었다고 합니다. 신문에 난 자료를 보면 30대 그룹의 상당한 회사들이 연간 금융비용이 약 1조가 넘습니다. 그렇기에 정태수 회장이 한 이야기가 매우 의미심장하다고 봅니다. 약 17%의 금융비용을 지불했으나 내년부터는 금융비용을 5%만 지불하면 되기 때문에 5조를 쓴 것은 그렇게 큰 부담이 되질 않는다고 생각했겠지요. 30대 기업 중에서 약 1조 이상의 금융비용을 쓰고 있는 회사도 그런 의견에 동조하고 있다는 얘기를 들었습니다.

내년에 이러한 금융 자유화에 따른 금융계가 어떠한 대책을 세우고 있는지 알고 싶습니다. 일본 금융자유화가 시작되었을 때 제일 먼저 변한 것은, 아침부터 회사들이 은행이나 금융회사에 돈을 갚겠다는 전화를 빗발치게 했다는 이야기를 들은 적이 있습니다.

그래서 내년이 되면 자금 시장에서 자금을 융통하는 것도 좀 쉬워지면서 고금리를 쓰던 회사들이 일제히 돈을 갚는 현상도 생기지 않나 하는 우려도 발생하고 있습니다.

이관우 행장 | 박사님이 아주 좋은 지적을 해주셨습니다. 고금리가 저금리로 가는 상황, 또 지난번에 금융개혁위원회에서 금리를 하향시키는 문제로 소위원회를 구성한다는 이야기를 들었습니다. 앞으로 현재 상태 같은 고금리로 가지 않겠지만 몇 %로 가는지는 저도 확신하기 힘듭니다. 은행이 별안간 17%로 간다면(정태수 회장도 막판에 가서는 17%가 아니라 그 이상도 지불한다고 했다던데 확인된 바 없음) 그러한 고금리 아래서 결국 기업은 금융비용 때문에 재무구조가 악화될 수밖에 없습니다.

그래서 앞으로는 금리를 낮추는 방향으로 가야 하지만 그에 따라 은행권도 대책을 세워야 합니다. 단기로 조달한 것은 상관이 없겠지만 1~2년짜리가 고금리로 조달된 확정금리 상품은 우리가 지불하는 수밖에는 별다른 도리가 없습니다. 역금리 체제로 돌아가는 것은 사실입니다. 은행들은 이런 상황을 면밀히 분석하고, 자금을 어떻게 운용해야 하는지 대처 방안을 적극적으로 강구하고 있습니다. 우리도 지금 분석, 연구하고 있는데 가계성 예금이 줄어들고 있는 양상을 볼 수 있었습니다. 더 자세히 말하면 과거에 비해 실질 가용 수익 증가율 대비 가계성 예금 증가율이 낮아지고 있다는 뜻입니다. 더구나 자금이 저리로 시중에 많이 풀리게 되는 경우 가계성 예금은 더욱 큰 폭으로 줄어들 가능성도 있습니다.

    기업도 공격적인 투자와 확대보다는 안정적인 운영을 선호하고 있습니다. 아까도 어느 분과 잠깐 인사하는데, 금리가 너무 비싸서 대출을 전부 갚아버려야겠다는 말씀을 하셨습니다. 지난 1/4분기에는 이런 양상이 상당히 심했다고 볼 수 있습니다. 앞으로 금리가 더욱 인하되면 이러한 현상이 더욱 두드러질 것으로 생각합니다. 곧 한 자리 숫자 금리 시대가 될 것입니다. 이런 현상은 이미 제가 작년에 예측했던 부분입니다. 그래서 내년에 이와 같은 현상들이 일어날 가능성과 대처 방안에 대해 면밀히 검토하고 있습니다.

임덕규 박사 ㅣ 좋은 공부가 되었습니다. 한보 사건과 금융인의 책임은 어떻게 보십니까? 금융인이 막을 수 있지 않았냐는 의견도 들은 적이 있는데 이에 대해서는 어떻게 생각하십니까?

    또 우리는 200여 나라 중에 성공 사례라고 할 수 있는데, 국제 사회에서 앞선 일본이나 미국 등만 보면서 우리가 뒤에 처져 있다고 생각하지만 우리 뒤에 있는 180개국 중에는 한국 경제 발전에 금융인으로서의 역할을 듣고 싶은 나라도 많을 것입니다. 몽골과도 관계가 있으신데, 그런 곳에 가면 높은 평가를 받으실 것 같습니다. 개인의 능력뿐만 아니라 한국이라는 배경 때문에 더 그러실 텐데 행장님은 물론이지만, 은행원 중에서도 우리 뒤에 있는 나라에 가서 자신 있게 강의할 수 있는 인재도 육성했으면 합니다.

마지막으로, 금융 개방시대를 앞두고 금리 인하는 가능할지 행장님의 의견을 듣고 싶습니다.

이관우 행장 | 난처한 질문만 하시는데, 금융인의 책임에 대해서는 변명의 여지가 없습니다. 다만 과거 개발도상국이었을 때 금융인의 역할과 금융자율화, 규제완화, 세계화 과정으로 나아가는 현재 금융인의 역할은 구조적으로 다를 수밖에 없습니다.

금융기관이 한보 사태와 같은 일을 막을 수 있지 않았냐고 생각하는 사람들도 많은 듯합니다. 물론 우리가 더 면밀히 대처할 수 있으면 좋았을 것입니다. 그러나 현재는 주거래 은행의 정보를 부거래 은행이 함께 공유할 수 있는 체제가 되지 않고 있습니다. 만일 이것이 되었더라면 그런 문제는 발생하지 않을 수도 있지 않을까 하지만, 금융인으로서는 죄송하다고 할 수밖에 없습니다. 다만 그러한 기업인이 잘못된 거래를 했었다는 것만 말씀 드리고 싶습니다.

금리인하에 대해 물으셨는데, 인위적 금리인하는 바람직하지 않습니다. 다만 세계 경제 여건 자체가 조금씩 나아지고 있다고 판단 하기는 좀 성급하지만 엔(円)이 지금 강세로 돌아섰기 때문에, 127원까지 올라가던 게 지금 103원까지 전망되니까 그렇게 될지 모릅니다.

_40_
우리 경제의 본질과 향후 중소기업의 발전방향

　　제임스 울펜슨 IBRD(세계은행)총재와 같은 외국의 금융기관 전문가들은 한국경제가 98년 4/4분기에 경기저점을 통과하고 완만한 회복단계에 들어섰으며 국가 유동성도 나아졌다고 평가하고 있다.

　　실제로 우리나라의 가용외환보유고는 99년 2월 기준으로 500억 달러를 넘어섰으며 미국 S&P와 영국 피치-IBCA와 같은 세계적인 신용평가기관들 역시 한국 국가신용등급을 '투자 적격'으로 평가했다.

　　98년 12월 한때 39억 달러까지 떨어졌던 외환보유고가 이처럼 증가한 것과 국가신용등급의 상향조정은 우리 경제 회복의 청신호로써

일시: 1998년 5월
대상: 연세대학교 경영대학원 최고위경영자 과정

상당히 고무적인 일이다.

또한 미국의 뱅커 트러스트 같은 투자은행은 우리나라의 외환시장 자유화 조치와 정부의 강력한 개혁의지, 경제 펀더멘털의 회복 등으로 주식시장이 향후 3~4년 동안은 낙관적이라는 견해를 내놓고 있으며 현재 모건스탠리 신흥시장(MSCIEMF)지수에서 한국의 비중을 전 세계적으로 브라질과 멕시코에 이어 세 번째로 두고 있다.

그래서인지 몰라도 사회의 일각에서는 우리가 아직 IMF 경제 하에 있다는 것을 망각하고 마치 IMF 이전 국민소득 1만불 시대로 돌아간 것처럼 여기는 듯하다. 해외여행객은 IMF 이전보다 오히려 증가했으며 경제를 살리는 합리적인 소비가 살아나는 것이 아니라 백화점의 경품세일에 교통이 막히고 아파트 분양에 사람이 몰리고 있다.

우리는 현실을 분명하고도 냉정하게 직시해야 한다. 세계적인 경쟁력 평가기관인 스위스의 국제경영대학원(IMD)이 평가한 한국의 국가경쟁력은 전체조사대상국 47개국 중 38위로 작년보다 2단계 떨어진 수준이다. 특히 우리 경제의 향방을 가늠할 국내 총투자증가율과 기업가 혁신정신은 꼴찌에서 두 번째인 46위로 나타났다는 것을 주목해야 한다.

올해 들어서는 생산, 소비 등 실물경기지표가 지난 1월부터 4월 말에 이르기까지 외형적인 증가세를 유지하고 있으며 평균 어음부도율이나 부도업체수도 0.15%로 크게 낮아진 것을 보면 우리 경제가 회복세를 보이고 있는 것은 확실하다. 그러나 이러한 부분은 반도체나 자동차 등 일부산업에서의 호황일 뿐, 다른 산업은 침체상태에서 벗어나지 못하고 있다는 것을 인식해야 한다.

지난 1~2월 중의 우리나라 산업생산지수는 14.8%와 4.0%이지만 반도체를 제외하면 8.4%와 -1.5%로 하락하고 자동차 업종을 제외하면 6.5%와 -2.4%까지 하락하게 된다. 특히 지금처럼 산업생산지수를 산출할 때 반도체 부가가치 가중치를 제외하면 생산증가율은 11.0%와 0.6%로 하락한다.

이러한 왜곡효과를 감안하지 않더라도 올해의 경기지표 호전은 지난해 같은 기간의 급락에 따른 외환위기 후 과도하게 위축되었던 소비와 재고감소가 반사효과에 의해 회복되는 반등 성격이 강하다는 것을 재인식할 필요성이 있다.

그러나 무엇보다도 주의를 기울여야 하는 것은 바로 이런 각종 산업 활동지표들이 전년과 비교한 수치로 계산된다는 것이다. 그러므로 최근 경기회복은 98년에 비해 상대적으로 좋아졌을 뿐, 절대적인 회복은 아니다. 경제성장률 자체도 지난해 대거 줄어든 재고부분을 다시 채워준 결과이므로 경제성장률에 거품(Bubble)이 들어가 있다. 오히려 거시경제변수에 있어 실업률이 8.7%로 높아졌다는 것을 간과해서는 안 된다.

따라서 우리 경제를 바라볼 때는 거품효과(Bubble Effect)를 제거한 정확한 경기실상을 파악해야 한다. 거품지표의 허상 때문에 확장기조에서 긴축기조로 전환할 경우, 일본처럼 장기불황에 빠지는 디플레이션으로 갈 수도 있다.

그 실례로 설비투자 부문을 들 수 있다. 설비투자는 앞에서 언급했듯 스위스 국제경영대학원(IMD)의 평가에서 47개국 중 38위로 나타났다. 우리나라의 지난 2년 동안의 설비투자비율은 97년에는 -6.8%

였으며 98년에는 -38.7%로 나타나 그간 투자가 거의 되지 않았다는 것을 알 수 있다. 올해 들어서는 1월에 13.4%, 4월에는 0.3% 증가했다고 하지만 이는 지난해와 비교한 수준임을 감안하면 평년의 60% 수준에 불과하다.

우리는 경제의 새로운 틀을 짜기 위해 새로운 제도를 도입하고 있지만 실질적으로 이를 운영해 나갈 인재가 부족하여 제도가 잘 정착되고 있지는 못한 것 같다. 따라서 다시 한 번 우리 경제에 대한 새로운 대비책을 강구해야 한다.

그래서 나는 우리 경제의 활성화를 위한 중소기업의 발전방향으로써 관리자의 역할변화와 기업의 지식경영체제 도입, 경영의 투명성확보를 위한 투자자관리(IR), 새로운 대기업관계 정립 등을 중심으로 살펴보고자 한다.

1. 관리자의 역할 변화

'현재 위치에서 미래에 대한 변화를 추구하는 기업만이 살아남는다'는 명제를 잘 알 것이다. IMF 이후 우리는 글로벌 스탠더드(세계적 표준)라는 말을 참 많이 듣고 있다. 특히 IMF 관리 체제 속에서 한국경제의 구조조정 잣대는 글로벌 스탠더드였다.

이 기준에 따라 금융부문에서는 △자기자본 비율(BIS비율) 8% 이상 맞추기 △여신분류기준 강화 △사외이사 중심의 이사회 구성 등이 진행되었으며 기업부문에서는 △부채비율 200%로 낮추기 △지급보증 해소 △기업회계 감사 이사회제도 개선 △핵심부문 역량 집중 등이 추진되었다.

　과거 우리 경제의 기본 틀에 비추어봤을 때, 불과 일 년여의 기간 동안에 대규모 지각변동이라고 할 수 있는 일들이 일어났다. 이러한 패러다임의 변화 속에서 어떻게 적응, 발전해나가야 할 것인가는 바로 경영자의 몫이다.

　하루가 다르게 급변하는 시대는 경영자에게 단순한 관리자가 아닌 지도자의 자질을 요구하고 있다. 관리자는 단순히 주어진 목표만을 효과적으로 달성하기 위해 계획을 세우고 조직과 인력을 구성하여 이 과정에서 생기는 문제를 조정하고 해결하는 사람이다. 그러나 지도자란 무슨 일을 할 것인지에 대해 해답을 구하고 방향을 세우며 새로운 비전을 제시하여 사람들에게 그 일을 하도록 하며 동기를 부여하고 의욕을 고취시키는 사람이다.

　관리자가 어떻게(how) 할 것인지를 해결하는 하드웨어적 사고를 지닌 사람이라면 지도자는 무엇을(what) 할 것인지를 생각하는 소프트웨어적 사고를 지닌 사람이다. 따라서 경영자는 지금처럼 급변하는 시대 속에서 변화의 맥을 잡아내어 직원들에게 비전을 제시할 수 있는 능력을 갖추어야 하며 변화에 능동적으로 대처할 수 있도록 조직을 끊임없이 바꾸어 나가야 한다. 이러한 경영자의 역할은 바로 기업의 지식경영에서도 나타난다.

2. 기업의 지식경영체제 도입

우리에게 IMF 긴급 구조금융을 지원해준 세계은행 스티글리츠 부총재는 지난해 10월 초 한 기자회견에서 "지식은 돈"이라고 강조했다.

'노동을 통해 가치가 창출된다'는 마르크스의 주장은 이미 과거의 논리가 되었으며, 앨빈 토플러 같은 미래학자들은 이제 지식에서 새로운 부가가치가 창출되는 '지식경제시대'가 도래한다고 이야기한다.

'평생직업은 있어도 평생직장은 없다'는 말이 회자되고 있다. 이러한 평생직장과 평생고용 시대의 종말과 함께 신지식인에 대해 이야기하고 있다. 이는 단순히 교과서에 실려 있는 과거의 지식(죽은 지식)이 아니라 피터 드러커의 말처럼 "끊임없이 자신의 일을 개선하고, 개발·혁신해서 부가가치를 높일 수 있는 능력"을 가진 사람을 의미한다.

여기서 우리가 정의를 내리는 지식은 지금까지 우리가 흔히 이야기해 왔던 지식의 개념과는 다른 개념이다. 지금까지 선비가 지식인이고 대학교수나 박사만이 지식인이라고 생각해온 것은 과거의 패러다임이며 허위의식이라고 할 수 있다.

이제 우리가 지향해야 할 신지식인은 바로 '지금 여기'에서 '내일'을 위해 자신의 일을 새롭게 개선시켜 나가고 이를 조직을 위해 공유하는 사람, 흔히 우리가 하는 말로 '무슨 무슨 쟁이'라고 하는 장인정신을 가진 사람을 의미한다.

규모가 작은 중소기업이라 해도 세계최고의 기술을 가질 수 있게 자기 분야에서 세계제일의 기업을 벤치마킹(Benchmarking)하고, 그 지식을 직원들에게 공유하게 하고 새로운 가치를 창출한 조직원에게 이에 대한 대가를 지불함으로써 새로운 부가가치를 창출할 수 있게 하는 기업문화를 만들어나가야 할 것이다.

따라서 기업경영자가 지도자가 되려면 기업경쟁력의 원천은 노동과 자본이 아니라 지식, 조직원들로부터 나오는 지식에서 비롯된다는 인식과 함께 조직원을 몸으로 때우는 노동자가 아니라 지식의 제공자로 볼 줄 아는 새로운 시각을 가져야 한다. 조직원들의 능력을 졸업장이나 학력만으로 평가한다면 지식경제시대의 기업 최고경영자의 자격이 없다. 오히려 기업의 퇴화를 재촉하는 어리석은 마부일 뿐이다.

3. 경영의 투명성확보를 위한 투자자관리(IR)

우리 기업에 투자하고 있는 투자자들에게 기업의 내재가치나 잠재성장성 등을 부각시키며 경영의 투명성을 확보할 수 있는 IR, 즉 투자자관리는 세계 금융시장이 증권화, 글로벌화하고 있다는 점에서 더욱 중요하다.

미국 증권시장에서 '살생부'를 볼 수 있다고 하면 의아한 느낌이 들 것이다. 한국에서 말하는 살생부는 주로 권력층에서 손보려는 '미운 털 박힌' 사람의 명단이며 그 출처도 불분명하다. 그러나 미국 증권시장에서 나도는 '살생부'는 해당회사의 기업명이 정확하게 적혀 있고 작성기관도 분명하게 나타나 있다. 실례로 미국의 캘리포니아주 공무원 퇴직연금기금(CalPERS) 등 기관투자가들이 내놓는 문제기업 리스트에 회사 이름이 오른 관계로 IBM이나 GM 같은 대기업의 최고경영자가 쫓겨나기도 한다. 그래서 미국의 상장기업 경영자들은 이 리스트에 이름이 오르지 않기 위해 높은 수익을 올려 주가를 높이고 배당을 많이 주기 위한 노력 못지않게 기업의 내재된 가치와 재무성과를 알리기 위해 IR을 강화한다.

나는 이러한 노력들이 우리나라의 기업에서도 필요하다고 생각한다. IR(투자자관리)은 현재나 미래의 투자자에게 기업정보를 정확하게 알리는 기업의 전사적 마케팅활동이며 전 세계 투자자에게 정보를 제공하는 글로벌 전략의 일환으로서도 중요하다.

중소기업의 경우 혼자서 기업을 알리기 힘들면 같은 목적을 가진 중소기업들이 동시에 참여하는 합동 IR(투자자관리) 행사를 개최해도 좋을 것이다. 오늘날 같은 디지털 시대에 인터넷이나 컨퍼런스 콜 등 최신 통신기술을 이용하여 전 세계 고객과 바이어에게 자신의 회사를 알리는 것도 중요하다.

인터넷 홈페이지 작성 역시 개별기업으로서 어려울 경우, 무역협회의 EC21과 같은 공동 웹사이트를 이용할 필요성도 있다. 미국 IR협회 NIRI(Natural Investor Relations Institute)같이 기업들의 IR활동을 돕는 비영리전문기관을 정부에서 추진해줄 것을 요청하는 것도 필요하다.

《트러스트(Trust)》의 저자 프랜시스 후쿠야마는 "신뢰가 있는 곳에 돈이 모인다"고 강조했다. 국제투자자금은 투명성과 신뢰성이 결여된 기업이나 글로벌 스탠다드(국제표준)에 위배되는 국가에 대해서는 냉혹하리만큼 자금을 회수한다는 것을 우리는 97년 말 IMF를 겪으면서 뼈아프게 경험했다. 따라서 이제는 글로벌시대의 한국기업의 가치를 전 세계적으로 인정받기 위해 IR을 기업의 중요한 경영활동으로 인식하고 이에 대한 관심을 가져야 한다.

4. 대기업과 중소기업의 새로운 역할관계 정립

'98년 수·위탁 거래 관행'에 대해 살펴보자. 중소기업청이 378개 중소기업을 대상으로 조사한 결과, 중소기업은 대기업과 수·위탁거래를 하면서 납품대금 중 72%를 어음이나 외상으로 받기 때문에 자금난의 가중을 겪게 된다고 한다. 이런 결과는 지난 97년 현금비중 35%, 어음비중 65%에 비해 결제조건이 크게 악화된 것이다. 현금을 받은 경우도 납품대금 중 78%는 법정기간인 60일 이내에, 22%는 60일 이후에 받았으며 법정기간을 넘긴 경우 지연이자(연리25%)를 받은 업체는 21%에 불과했다고 한다.

이러한 대기업들의 중소기업에 대한 횡포는 우리 경제의 기본토양인 중소기업의 존립 자체를 위협하는 요인이다. 따라서 나는 대기업과 중소기업의 관계가 단순 하청관계나 종속적인 관계가 아닌, 새로운 개념의 파트너 관계를 정립하는 것이 필요하다고 생각한다.

대기업과 중소기업 간의 협력관계를 강화하려면 대기업의 장점인 종합력과 중소기업의 장점인 전문화를 살릴 수 있는 금융·세제지원을 강화하고 대기업과 중소기업간 공정한 거래관행을 정착시킬 수 있는 제도를 도입해야 한다. 지식경영의 측면에서 살펴보아도 지식은 주면 줄수록 부풀어 돌아온다는 '인크리징 리턴(Increasing return)' 즉, 수확체증의 법칙이 적용된다.

그러므로 대기업의 입장에서는 기업경영의 노하우와 기술이전을 통해 중소기업의 산업경쟁력을 강화시켜주고, 중소기업은 규모의 경제가 존재하지 않고 대기업이 전문화하기 힘든 분야에 역량을 집중하여 새로운 부가가치를 창조하는 윈윈 전략을 지향해야 한다.

이제 우리 경제는 새로운 도약의 발판을 마련하기 위한 새로운 시점에 서 있다. IMF체제의 졸업을 단순히 외환보유고가 쌓이고 경제성장률이 플러스로 돌아선다고만 해석해서는 안 된다. 기업들의 도산이 멈추고 대량 실업사태가 다소 진정된다고 해서 IMF졸업장을 받았다고 자만해서도 안 된다. IMF 이전의 과거로 돌아가는 것이 위기극복이라고 안이하게 생각하는 것은, 마치 영원히 곪아터진 상처를 도려내지 않고 일회용 반창고를 붙여놓고 수술이 끝났다고 주장하는 것과 마찬가지다.

우리가 진정으로 받아야 할 IMF 졸업장은 사회 각 부분의 구조조정에 대한 새로운 제도를 만드는 것 자체보다는, 이러한 변화를 통해 한국경제가 얼마나 건실한 성장을 보이는가에 달려 있다고 생각한다. 그러기 위해서는 중소기업 경영자들이 우리 경제의 토양으로써 자리매김을 굳건하게 해주셔야만 가능한 일이다.

_41_ 금융환경변화와 대기업의 해외차입 증가가 중소기업의 자금조달에 미치는 영향

금융환경 개관

80년대 이후 금융의 자율화, 증권화 및 국제화 추세로 기업금융시장의 구조가 급격히 변화하고 있다. 우선 자금조달수단이 종래의 은행 대출 위주에서 증자나 회사채 발행, 해외차입 등으로 다양화되어 대기업의 은행 이탈현상이 가속화되고 있는 것이다. 따라서 지금까지 상업금융기관으로부터 큰 주목을 받지 못했던 중소기업 부문과 같은

일시: 1996. 6. 27
대상: 중소기업관련자(경영자, 정책당국자, 관련 금융인)
1995년부터 1998년 상반기까지 기간에 전국의 중소기업 경영자를 대상으로 하여 권역별(부산 · 대구 · 전주 · 대전 · 인천 · 수원 · 춘천 · 청주 · 경기 북부 등)로 강의, 강연, 토론 등 다양한 방식의 대화를 가졌다.

리테일 뱅킹이 금융기관의 주요 마케팅 대상으로 부각되고 있다.

다양한 기업군을 형성하고 있는 중소기업 금융시장 내에서도 점차 각 기업군별로 자금조달 특성의 차별화 현상이 나타나고 있다. 이와 함께 기업의 금융수요가 복잡, 다양해지면서 기업들이 은행에 요구하는 정보나 서비스도 양적인 면에서 뿐만 아니라 질적인 면에서도 달라지고 있다.

한편 은행을 위시한 금융기관들은 최근 들어 중소기업 대출전략을 강화함과 동시에 기업고객을 세분화하고 각 세부시장의 특성에 부합하는 금융상품이나 서비스의 개발에 주력하는 등 기업금융전략을 재정비하고 있다.

기업금융 행태의 변화

대기업의 '탈은행화 현상'이 빠르게 일어나고 있다. 자본자유화, 금리자유화 등 기업금융환경이 급변하자 상대적으로 신용상태가 양호하고 자금조달능력이 뛰어난 대기업들은 은행 등 간접금융권에 비해 자금조달비용이 비교적 저렴한 직접금융시장이나 해외차입 등을 통한 자금조달비중을 높여 재무구조의 건전화와 자금조달재원의 다양화를 기하고 있는 것이다. 대기업의 자금조달 총액(내부금융 포함)에서 차지하는 금융기관 차입 비중은 85년 말 31.6%에서 93년에는 9.3%로 크게 감소했다.

반면 중소기업의 금융형태는 세분화하고 있다. 중소기업의 자금조달도 기업 규모별로 뚜렷한 차이를 보이고 있는 것이다. 중견기업은 어느 정도 담보력과 신용력을 갖추어 금융기관의 대출고객 유치대상이 되고 있으며 회사채 등 직접금융에 대한 의존도가 중·소규모의 기업에 비해 상대적으로 높은 편이다. 한편 소규모기업의 경우에는 은행대출이 쉽지 않아 비은행권 금융기관과 사채에 대한 의존도가 높은 편이다.

기업 금융형태의 변화는 뚜렷하게 나타난다. 은행 등 금융기관으로 하여금 정보나 금융서비스의 내용과 질에서 보다 전문적이고 다양한 정보를 제공하도록 요구하게 된 것이다. 대기업은 물론 중견기업들도 은행대출뿐만 아니라 직접금융시장 및 해외차입을 통한 최적의 자금조달 및 운용수단을 모색하고 있어, 금융기관도 이에 상응하는 수준에서 기업의 자문에 응해야 할 필요성이 절실하다.

기업의 금융수요 변화(경영컨설팅사 '맥킨지')

제1단계	필요자금 제때에 조달 가능여부 중시
제2단계	자금조달 코스트 중시
제3단계	리스크를 고려한 자산부채 종합관리 중시
제4단계	금융기관과 유사화

금융자율화가 중소기업에 미치는 영향

1) 유리한 측면

중소기업이 향유할 수 있는 가장 큰 이점은 금융기관의 자금공급확대에 따른 자금이용 가능성(availability) 증대이다. 해외차입과 직접금융의 기회확대에 따른 대기업의 '탈은행화 현상' 가속화로 금융기관의 중소기업 중시현상이 나타나는 것도 중소기업에게 유리하다.

금융환경변화에 따른 리테일 뱅킹의 중시는 중소기업에 대한 자금의 양적확충, 금융서비스의 질적인 개선, 신상품개발에 의한 자금조달형태의 다양화, 차입이 용이함 등으로 중소기업금융의 여건이 점차 개선될 것으로 전망된다.

신용도에 따른 차등금리적용으로 인해 신용우수기업의 경우 조달금리 인하, 소영세기업의 경우 자금이용 선택폭이 확대될 것이다.

2) 불리한 측면

금융기관 조달금리의 상승으로 중소기업의 차입금리가 상승한다. 또한 정책금융축소로 장기시설자금, 소기업금융 등과 같이 지원의 효과는 크지만 상업금융이 회피하기 쉬운 전략적 부문에 대한 지원위축이 우려된다.

기업의 자금조달 현황

한국은행의 발표에 따르면 기업들의 해외차입을 통한 자금조달비중이 크게 증가하고 있다. 금년 1/4분기 중 기업들의 해외차입은 4조 6천억 원이 증가하여 95년 동기 증가액 2조 4천억원의 약 2배에 달했다. 이에 따라 해외차입이 자금조달 총액(28조 6천억원)에서 차지하는 비중은 16.2%를 차지하여, 작년 동기 9.4%보다 6.8%포인트 증가하였다. 또한 회사채 기업어음 발행 등 직접금융 조달도 급증, 조달비중이 55.0%로 작년 동기 50.5%보다 크게 증가했다.

반면 예금은행으로부터의 차입금 증가규모는 2조 3천억 원으로 작년 동기보다 1조 1천억 원이 감소했다. 이는 기업의 탈은행화 현상이 가속화되고 있다는 것을 나타낸다.

기업의 자금조달 비중 추이 (단위: %)

구분	95년				96년
	1/4	2/4	3/4	4/4	1/4
해외차입	9.4	10.3	4.0	8.7	16.2
직접금융	50.5	43.3	51.7	48.4	55.0
간접금융	27.6	39.7	35.6	23.6	24.2

자료: 한국은행

새로운 경제 질서에 대한 각 경제주체의 대응을 살펴보며, 우선 금융기관은 정부의 통제와 보호에서 벗어나 자기책임원칙을 확립해야 한다. 기업 또한 과거와 같이 외형위주의 성장을 고집할 경우 무한경쟁시대에서 도태될 것임을 분명히 인식하여 수익성 위주의 투명한 경영관행을 정착시켜야 할 것이다.

근로자는 2~3%대의 저실업 시대가 다시 도래하지 않으리라는 것을 유념하고, 평생고용을 유지하기 위한 끊임없는 자기계발 노력을 기울여야 한다.

소비자는 맹목적인 국산품 애용에서 벗어나 합리적 구매로 생산자의 경영효율제고를 유도해야 한다. 납세자도 국가의 주인으로서 세금의 낭비가 없도록 정부의 활동을 감시해야 한다.

대기업의 해외차입증가가 중소기업에 미치는 영향

앞서 언급했듯이 대기업의 해외기채 등을 통한 직접금융 이용확대에 따른 대기업의 탈은행화 현상은 가속화되고 있다. 그로 인해 중소기업에 대한 은행의 자금공급이 확대되고 있다.

이에 발맞춰 은행을 위시한 금융기관들은 신용상태가 비교적 양호

주요 대기업 기채현황 (단위: 백만 달러)

회사명	94년					95년				
	1/4	2/4	3/4	4/4	계	1/4	2/4	3/4	4/4	계
삼성	50	550	–	–	600	30	200	–	150	380
대우	75	–	88	–	163	86	13	–	–	99
현대	–	–	–	–	–	–	90	–	–	90
쌍용	–	–	50	–	50	–	–	–	–	–
동아건설	50	44	–	–	94	–	20	–	–	20
LG	–	–	70	–	70	–	–	14	–	14
선경	–	–	–	90	90	150	–	–	–	150
기아	–	70	18	–	88	50	–	–	–	50
포철	–	–	–	300	300	–	–	–	300	300
한전	–	–	–	300	300	–	–	–	300	300

註: 주식연계채(CB, BW, DR) 통계숫자임. 자료: 증권업협회

한 유망 중소기업의 유치를 위해 대출신상품을 개발하고 대출편의성을 제고하는 등 중소기업에 대한 서비스 개선에 박차를 가하고 있다.

반면 대기업의 시설재 도입 및 해외투자에 소요되는 자금의 해외기채 등을 통한 조달이 국내자금이 대외유출을 제한함에 따라, 통화증발요인으로 작용하여 통화당국이 인플레를 우려하여 여신제한 등 통화환수정책을 펄 경우 자금압박요인으로 작용할 가능성도 있다.

3부
언론이 본 이관우
기사 및 인터뷰

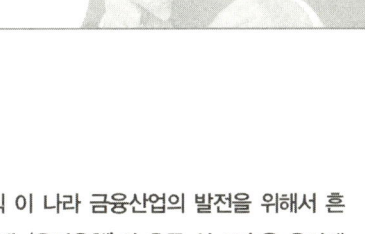

한일은행장으로서의 기득권을 포기하고 오직 이 나라 금융산업의 발전을 위해서 흔쾌히 상업은행과 합병을 이루어냄으로써 현재 '우리은행'의 우뚝 선 모습을 우리에게 선사한 이관우 행장.
한일은행에서 금융인의 길을 걷기 시작, 오직 외길을 걸어 최고 사령탑인 은행장이 되어 소신껏 21세기 금융산업을 예견하고 앞선 경영과 준비로 한일은행을 앞서가게 했고, 나아가서 한국 금융의 좌표를 제시했던 이관우 한일은행장을 언론은 어떻게 조명했는지 살펴본다.
그의 금융관과 경영관 및 인간적인 면모를 엿볼 수 있는 대표적인 기사 몇 편을 묶었다.

_42_
혁신의 전제조건은
위기의식의 공유다

"혁신의 전제 조건은 조직 구성원 모두가 위기의식을 공유하는 것입니다. 또, 의식 전환 없는 경영 혁신도 있을 수 없다고 봅니다."

이관우 한일은행장은 1962년 행원으로 한일은행에 입행하여 지점장·영업 1부장·임원을 거쳐 1994년 행장의 자리에 올랐다.

과거 한일은행은 대기업의 주거래 은행으로 뛰어난 국내·외 업무, 신용도 및 자산 건전성에서 시중 은행 중 단연 빛을 발했으나 이관우 행장 취임 무렵은 가장 어려운 시기 중 하나였다. 대기업의 탈은행화 현상에 적극 대응하지 못했고, 새로운 은행들의 설립 여파로 약

「뉴월드」 1998년 10월호에 게재된 기사임(최고경영자 인터뷰)

800명의 임직원들이 은행을 떠났기 때문이다.

　이 행장은 취임 후 은행 로비에 나가, 출근하는 임직원들에게 인사를 건네는 것으로 혁신을 시작, '이 상태로는 안 된다'라는 9천여 임직원들의 위기의식에 불을 지폈다. 그리고 지속적인 혁신을 통해 의식과 제도와 문화를 바꾸어 나갔다. 이로 인해 과거의 영화(榮華)를 그리워하던 거대한 조직은 점차 활기를 되찾아 꿈틀거리고, '21세기 초우량 종합금융그룹'으로의 비약을 준비하고 있다.

　특히 그는 한일비즈니스클럽과 중소기업지원팀, 해외 서비스 데스크 등을 설치, 중소기업들로부터 큰 호응을 얻고 있으며 신용대출 확대로 중소기업 자금 지원에도 큰 몫을 하고 있다.

　"우리 임직원들이 한마음이 된다면 우리의 꿈을 충분히 이룰 수 있다고 봅니다. 또 중소기업 지원을 통해 고객과 함께 번영하는 은행이 되겠습니다."

은행과 중소기업이 함께 번영한다

이관우 한일은행장은 행원에서 은행장의 자리에 오른 한일은행맨이다. 한일은행은 1932년 창립 이래 국내 영업과 국제 업무, 신용도와 자산 건전성 면에서 단연 두각을 보여 왔다. 오늘날에도 국내 30대 기업 중 삼성·한진·한화 등 8개 기업의 주거래 은행이다. 그러나 80년대 중반 이후에 다소 주춤, 90년대 들어 각종 지표에서 부진을 보였다. 대기업의 탈은행화 현상이 일어나는 가운데, 통장 예금 및 신용카

드 업무 등 저변 확대 노력이 다소 미흡했고, 새로운 은행들이 생기면서 90년대 초까지 약 800여 명의 직원들이 빠져나감으로써 하부구조도 흔들렸다. 이관우 은행장은 이처럼 어려운 시기인 94년에 취임, 변화의 시대를 앞서 나가기 위해 과감한 경영 혁신으로 의식과 문화를 바꾸어 가고 있으며, 파격적인 중소기업 지원에 나섰다. 금융 자유화를 앞둔 시점에서 이관우 행장이 어떻게 혁신을 시작했는지 직접 들어본다.

'은행장의 인사하기'가 변화의 출발점

Q 행장님은 1962년 행원으로 출발하여 은행장에까지 오른 한일은행맨으로서 누구보다도 한일은행의 장단점을 잘 알고 계셨을 텐데, 개혁의 출발을 어떻게 시작하셨습니까?

A 개혁은 모든 직원이 다같이 위기의식을 느낄 때 비로소 가능합니다. 금융 산업 자체가 무한 경쟁에 돌입하는 상황에서, 우리 은행이 정말 이 상태로는 안 되겠다는 위기의식이 임직원들 사이에서 고조되어 있을 때 제가 취임했습니다. 그리고 이러한 분위기가 개혁의 전제 조건이 되어 주었습니다.

두 번째는, 약 9천 명의 임직원들이 모두 잠재 능력이 있는데도 그것을 재개발 혹은 재충전할 수 있는 기회의 부여에 소홀했다는 점입니다. 저는 연수팀을 별도로 만들어 직원 연수를 확대했습니다. 개혁이란 은행장 혼자 "개혁합시다!"라고 해서 되는 게 아닙니다. 은행장의 개혁 의지를 그대로 반영해 줄 수 있는 리더 그룹이 있어야겠기에, 13명의 인원으로 경영혁신실을 조직해 의식 개혁과 제도 개혁에 착수했습니다.

세 번째로, 고객만족팀, 즉 CS팀을 별도로 만들었습니다. 고객 만족은 먼저 내부고객 만족 없이는 이루어질 수 없다고 생각합니다. 구성원 각자의 만족뿐만 아니라 부서와 부서 간, 경영진과 직원 간, 본부와 각 점포 간에 불평이 있어서는 안 됩니다. '우리 지점에서 일을 할 때에 본부에서 잘 도와준다' 라는 식이 되면 일이 아주 수월하게 돌아갑니다. 저는 이렇게 우선순위를 내부고객 만족에 두었고, 먼저 '인사하기' 부터 시작했습니다.

저는 아침에 로비에 나가 감사하는 마음으로 직원들에게 인사하기 시작했습니다. 처음에는 다들 어리둥절한 표정이었지만 하루 이틀 계속하다 보니 임원과 부장들도 '우리도 하자' 며 나왔고, 몇 달간 지속하다 보니 부서별로 돌아가면서 한다고 저보고는 빠지라고 했습니다.

예전에는 직원들이 엘리베이터를 타려고 버튼을 눌렀다가도 은행장이나 임원이 오면 슬금슬금 자리를 피했습니다. 그러나 요즘은 "안녕하세요?", "어디 가십니까?" 하고 인사를 건넵니다. 그리고 외부손님들께도 반드시 인사하여, '한일은행이 달라졌다' 라는 말을 듣고 있습니다. 이렇게 하나하나 바뀌어가는 것이지요.

Q 직소 제도를 도입하고 자율 경영을 주창하셨고, 또 임원실의 '재·부재' 표시를 없앤 것으로 알고 있는데 어떤 뜻이 있습니까?

A 말씀하신 대로, 전 직원에게 은행장실 팩스와 PC를 열어 놓고 직소 제도를 실시했습니다. 하루 5~10건의 건의가 올라와서 제가 직접 받아보고 반드시 본인한테 연락해 주었습니다. 직원들은 '이제 내 말이 위에도 먹히는구나' 라는 것을 느꼈고 점차 뭔가 할 수 있다는 분위기가 형성되었습니다.

이러한 시점에서 권한의 하부 이양을 실행했습니다. 그리고 그 결과, 지금 제가 직접 결재하는 것은 몇 건 안 됩니다. 지점장 혹은 그 지점을 관할하는 전국 8개의 본부장이 다 처리합니다. 모든 것을 자율적으로 해나가라는 뜻입니다.

임원실의 재·부재 표시의 철거도, 눈치 보지 말고 소신껏 일하라는 뜻입니다. 고객의 불평 사항, 점포 위치 선정, 레이아웃, 환경 관계, 그 달의 중점 처리사항 등 모든 것들을 점포장과 직원들이 마주 앉아 의논하고 스스로 해결 방안도 마련하고 있습니다.

그 때부터 '자율경영 334운동' 을 전개했고, 그 혁신 운동이 인정받아 우리 은행이 대통령 표창(한국생산성본부 주최 경영혁신대상)을 받았습니다.

의식 전환 없이는 혁신도 없다

한일은행은 대기업에 강한 은행으로 알려져 있다. 그러나 대기업의 탈은행화 현상이 벌어지고 있는 가운데 이관우 은행장은 시의적절하게 중소기업을 중시하는 정책을 폈고, 다양한 금융 상품의 개발로 가계·단체 등의 저변 확대에 성공했다는 평가를 받고 있다.

지난해 개발한 공익성 상품인 '통일로 미래로 통장'은 수신고 1조 원을 돌파하며 금융상품 대상을 받았고(매일경제신문), 문예 진흥을 지원하는 '문화사랑 통장' 또한 문화 예술인에게서 큰 호응을 얻은 것으로 알려졌다.

또 지난 7월에는 단체의 기금을 형성하는 데 유리한 '21세기 한마음통장 프로그램'을 개발, 시판에 들어가 봉은사, 명동 YWCA, 구세군, 꽃동네, 한국복지재단, 이웃사랑회, 세계지리학대회 조직위원회 등이 통장을 개설했다. 이관우 은행장은 이러한 금융상품 개발에 대하여 '아이디어가 아니라, 더불어 사는 마음'이라고 표현한다. 한일은행이 중소기업 지원을 위해서 어떤 일을 하고 있는지 알아보자.

Q 행장님은 작년에 서울을 비롯한 전국을 돌면서 중소기업 사장들을 초청, 허심탄회한 대화의 자리를 가졌습니다. 오늘날과 같이 어려운 때에 우리 중소기업이 어떤 정신자세로 대처해야 하며 어떻게 경영혁신을 해야 하는지 말씀해 주십시오.

A 경영혁신은 모방이 아니며 패션도 아닙니다. 반드시 하기는 해야

하는데 방법이 문제이지요. 선진국이나 선진 기업의 혁신을 그대로 모방하는 것은, 이 나라에서 태어나서 관념과 습성이 익혀진 직원들에게 잘 맞지 않습니다. 결국 우리 문화와 기업 여건에 맞는 한국식 경영혁신을 할 수밖에 없다고 생각합니다.

혁신할 때는 반드시 경영자가 먼저 솔선수범하여 앞장서야 하고, 의식 전환부터 시작해야 합니다. 의식 전환 없이는 혁신도 없습니다. 또 혁신 운동은 지속적으로 해야지 중단해서는 안 됩니다. 1~2년 하고는 '다 이루었다'고 샴페인을 터뜨리면 경쟁자가 '그러면 그렇지. 네가 얼마나 가느냐' 하고 축배를 드는 것과 맞아 떨어지게 됩니다.

그리고 중소기업이 어려운 경제 여건에서 살아남는 길은, 경영자와 직원들이 합심하여 '우리 회사를 살리겠다'라는 정신 자세를 먼저 갖추는 것입니다.

그 수단으로서 기구 축소나 감량 경영, 다품종 소량 생산, 정보 시스템의 구축 등을 들 수 있겠는데 역시 중요한 것은, 사람을 어떻게 키우느냐 하는 것이겠지요. 사장님들이 회사에 필요한 사람은 사기를 북돋아주고, 잠재능력을 개발해줘야 합니다.

노먼 빈센트 필 박사는 "인생은 허들 경기와 같다"고 했습니다. 기업 경영도 마찬가지가 아닐까 생각해 봅니다. 몸이 뚱뚱하거나 굳어 있으면 허들을 넘을 수가 없듯이, 감량 경영과 유연성이 꼭 필요합니다. 허들을 넘기 전에는 누구나 두려움과 불안감을 갖고 있습니다. 그러나 일단 첫 번째 허들을 넘으면 자신감이 생기고 두 번째, 세 번째를 넘다보면 탄력도 붙습니다. 우리 중소기업 사장님들도 그렇게 자신감과 탄력을 가지고 경영에 임해 주시길 바랍니다.

한일비즈니스클럽과 중소기업지원팀

Q 한일은행이 중소기업을 위해 실제로 어떤 일을 하고 있는지 말씀해 주십시오.

A 지금껏 16차례 가진 중소기업 사장님들과의 간담회를 통해 중소기업의 애로 사항을 들어본 결과, 자금 문제도 크지만 그보다는 사람과 정보의 부족 문제가 심각했습니다. 그래서 저희 은행과 자회사인 한일경제연구소가 공동으로 한일비즈니스클럽을 창설하기에 이르렀습니다.

한일비즈니스클럽은 저희 은행 해외 점포 19개와 9개의 자회사가 취합한 정보, 그리고 경제연구소가 각 기관과 접촉하여 얻은 정보를 매주 금요일마다 회원사에 팩스로 넣어 드립니다. 7~8장 분량인데, 정부 시책이나 제도의 변화, 해외시장 정보 등이 주요 내용입니다.

또 최고경영자 월례 조찬세미나와 회원사의 직원 교육을 위한 은행 연수원 시설 제공을 통해 중소기업의 인적 자원 확보를 돕고 있고, 그 밖에 다양한 행사와 프로그램, 친목 단체로서의 성격도 갖고 있습니다. 지난해 10월 3일 창설 당시 414개 업체가 참여했는데, 현재는 570여개 업체로 늘었고, 연말까지 1천개 업체의 가입을 목표로 하고 있습니다.

Q 올 들어 중소기업 지원팀과 해외 서비스 센터를 설치하셨다고 들었습니다.

A 각 지점에서 해결하기 곤란한 중소기업의 전담 지원을 위해 본사

에 재무 분석과 해외 감각이 뛰어난 지점장 출신 아홉 명으로 중소기업 지원팀을 발족했습니다. 가령, 특허권을 가지고 창업하는 기업이 지원팀에 연락하면 1~3명의 인원이 직접 그 회사에 투입됩니다. 사장과 직접 면담, 사업 내용과 필요 자금 등을 논의한 후, 팀원들 스스로 사업 타당성과 융자 여부를 논의·평가하여 이사회에서 설명합니다. 거기서 통과된 것이 148억 원짜리가 하나 있습니다. 올 2월에 발족하여 약 20건을 접수하고 그 중 15건을 지원했습니다. 중요한 것은, 지원팀이 융자 권한을 갖고 있다는 것입니다.

중소기업은 대기업과는 달리 해외 지사 설치와 인원 상주가 불가능하며, 특히 신규시장 개척시에 어려운 점이 많습니다. 이러한 점에 착안, 올 7월에 우리 은행의 19개 해외 지점에 중소기업 서비스센터를 설치했습니다. 전화·팩스·응접실 등 모든 편의 시설을 구비하여, 현지에 오시는 중소기업인들이 마치 자기 사무실처럼 활용하실 수 있습니다. 또 미리 연락을 주시면 자동차대여, 현지어 통역뿐만 아니라 법률 및 세무 자문, 시장조사 서비스도 받을 수 있습니다. 7월부터 현재까지 38건을 접수, 32건이 처리되었습니다.

Q 금리 문제와 중소기업의 자금 지원에 대해 한 말씀 해주십시오.

A 금리 문제는 기업하시는 분들의 한결같은 요망 사항입니다만, 은행은 은행 나름으로 자금 조달 비용 자체가 높다 보니 어려움이 있습니다. 지금 정책 당국도 많은 노력을 기울이는 만큼 서서히 하향안정세로 가서 몇 년 안에 한 자리수 금리가 가능할 것으로 봅니다. 또 저

희 은행은 올 2월에 기업체 신용평가 기준을 선진국형으로 개선하였고, 부동산 담보중심에서 특허권·상품권 등 지적 소유권 담보 금융 서비스를 개발, 신용대출 확대를 위해 노력하고 있습니다.

금융자유화 대비하고 있다

연내 가입이 확실시되는 OECD 가입과 이에 따른 자본 및 금융 자유화는 기업으로서는 직접 금융 조달과 해외 차입의 기회가 될 수 있겠지만 금융기관으로서는 큰 도전이 될 것임에 틀림없다. 이관우 행장은 이에 대해 "다양한 금융상품 서비스 개발과 자산의 부실화 방지 노력, 지속적인 경영 혁신을 기울인다면 중장기적으로 금융 산업의 경쟁력 제고와 금융 선진화의 계기가 될 것"이라고 낙관론을 폈다.

Q '98년 혹은 '99년에 금융 자유화가 이루어지면 과연 우리 은행이 외국 은행과 경쟁이 될지 우려하는 목소리가 높고, 은행의 민영화나 금융 기관간의 합병에 대한 얘기도 나오고 있습니다.

A 우리가 갖는 두려움의 상당 부분은 무지에서 오는 것일 수도 있습니다. 물론 외국 은행이 우리보다 여러 가지 면에서 우위에 있는 것은 사실이지만, 우리가 충분한 대비와 전략적인 노력을 경주해 나간다면 충분히 그들과 경쟁이 가능하다고 봅니다. 오히려 어려움을 발전의 계기로 삼아야 한다고 생각합니다.

사실상 민영화는 이미 되어 있습니다. 다만 정부가 규제 완화·자율 경영·금융 개방화를 지속적으로 추진하고 있으므로 이에 따라서 금융 기관 스스로 바뀌어야 합니다. 경영 혁신과 전산화 등을 통해 생산성과 효과를 높여 나가는 것이 급선무입니다. 합병의 의미는, 워낙 자본금이 높은 선진국 금융기관에 대응해 우리도 대형화시킨다는 것인데, 더 연구해야 할 문제입니다.

Q 우리 금융 기관의 경쟁력은 단순히 '덩치' 문제가 아니라 운영 노하우 등 소프트웨어 부분이 더 문제가 아닐까요?

A 우리 은행의 경우에는 금리 예측 기능, 리스크 관리 문제, 자금의 효율적 배분 문제는 각 부서마다 연구하고 있습니다. 특히 작년부터 7명의 젊은 사원들로 구성된 투자공학팀을 운영하고 있습니다. 금융 기관이나 기업이나 이러한 노하우를 자체적으로 확보해야 한다는 것이 중요합니다.

Q 자본 자유화로 금융파생상품이 보편화되는 기대가 도래하면 베어링즈 은행 사고와 같은 은행의 파산도 남의 일이 아닌 것 같은데요?

A 위험에 대한 대비책을 세워 경영하기 때문에 큰 문제는 없으리라고 봅니다. 한꺼번에 큰 이익을 내려고 하면 반드시 위험이 따릅니다. 그러나 자율 경영과 손익 인센티브제도 등을 충실히 실행하면 무모한 짓을 할 사람은 우리 은행에는 없다고 봅니다.

국제 파생상품 관계는 우리가 아직 초보 단계이고 선진국보다 낙후된 것이 사실입니다. 그러나 우리도 지금 많은 연구를 하고 있기 때문에 앞으로 잘 해낼 수 있다고 긍정적으로 보고 있습니다.

Q '21세기 초 세계 초우량 종합금융그룹'이라는 비전을 제시하셨는데 가능하리라고 보십니까?

A 물론 우리의 비전이 어렵다는 것은 잘 압니다. 그러나 꿈이 있어야 합니다. 개혁의 이유는 무엇인지, 21세기에 우리 모습은 어때야 하는지를 모두 함께 알고 나가야 합니다. 모든 직원들이 하겠다는 마음가짐을 가지면 된다고 봅니다. 우리 국민성이 워낙 부지런하고 응집력이 강하기 때문이며 우리는 그만한 잠재력을 갖고 있다고 생각합니다.

이런 측면에서 보면 최근 경제가 어렵다고 해도 국민·기업·정부·금융기관이 힘을 모아 슬기롭게 대처하면 오히려 전화위복이 될 수 있을 것입니다.

_43_
다음 세기를 향한 분투

한일은행은 1995년 모든 분야에서 탁월한 실적을 거두었다는 것이 이관우 행장의 평가이다. 이관우 행장의 은행전략은 불필요한 비용의 삭감과 혁신적 비즈니스 캠페인을 통해 인적자산, 전산정보 역량, 경영합리화로 대표되는 관리자원의 통합을 이루어 냄으로써, 투자와 시스템의 개선을 이룩하는 것이라고 할 수 있다.

1995년은 한일은행이 고객과 사회에 기여하는 은행으로써의 정체성을 확보하는 데 있어 좋은 성과를 거둔 한 해라고 할 수 있다. '통일로 미래로 통장'을 비롯한 다양한 공공재 성격의 금융상품들은 이러한 은행의 노력을 잘 보여주는 예라고 할 수 있다. 또 한일은행은 광

▎「News World」 1996년 4월에 게재된 기사임.

복 50주년 기념행사에도 적극적으로 참여하였으며, 불우이웃돕기 캠페인과 각종 문화행사도 적극적으로 후원하고 있다.

한일은행은 영업망 확보에도 많은 노력을 기울여 95년 한 해 동안 12개의 지점, 19개의 출장소, 58개의 무인뱅킹 텔러를 신규로 확보하였다. 또 사업영역 확대를 위한 자회사 설립 활동도 활발히 전개하여 자회사인 (주)한일리스를 통하여 (주)한일파이낸스를 설립하였는데, 이는 (주)한일투자관리를 96년에 투자 신탁회사로 전환하여 종합 금융서비스를 제공할 수 있는 네트워크를 구성하기 위한 노력의 일환으로 추진된 일이다.

한일은행은 공익성 상품인 '통일로 미래로 통장'을 개설하는 등 다양한 공공재 금융상품을 내놓아 사회개혁에 일조했다. 1997년 6월 22일 파주에서 열린 '북한동포돕기 걷기대회' 통일기원 대미사

지속적인 영업기반 확장 노력, 고객들의 수요에 부합하는 신규 금융상품 및 금융서비스 개발을 꾸준히 계속한 결과로 95년 한일은행의 국내 총 수신고는 22조 4천억 원에 달하였다. 특히 금전신탁 부분의 성장이 괄목할 만하다. 금전신탁 부분은 지난해와 비교할 때 29.7%를 상승한 11조 7천억원을 기록하여 금전신탁 분야에 진출하여 있는 국내 은행 중 선두를 유지했다.

여신 부분에 있어서도 종합신용한도액의 실행, 만기 자동연장 시스템의 도입, 문서작업 간소화, 전산화 등을 도입하여 고객의 편리를 도모하는 노력을 꾸준히 하고 있다. 또 수익중심의 영업에 기인하여 여신과 자산건전성이 같이 증가하고 있다. 국내 총 여신은 연말 기준으로 11조 8천억 원에 달하였으며, 자산 건전성에 있어서도 경쟁 은행보다 월등한 자산 건전성을 유지하여 국내외 신용평가기관들로부터 긍정적 등급을 받았다.

뿐만 아니라 중소기업을 적극적으로 지원하는 은행의 방침에 의하여 무역관련 업무도 꾸준히 증가하고 있다. 무역관련 총 거래는 지난해 대비 27.9% 상승한 340억 달러를 기록하였는데, 이중 수출환어음 매입이 167억 달러, 수입신용장 개설이 173억 달러를 차지했다.

한일은행은 국제금융부문에 있어서도 5대 시중은행 중 최대수익을 기록했다. 특히 저리를 통한 중장기 외환자금 조달 부분에 있어서 괄목할 만한 성장을 기록했는데, 그 결과로 비행기 리스를 포함한 다수의 해외투자사업이 시작되었다. 국제금융 부분의 이러한 성장은 한일은행이 국제금융시장에서 국제적 신뢰도를 구축하는 기반이 되고 있다.

그러나 한국 증권시장의 장기적 침체로 인해 증권 부분에서는 만족스럽지 못한 실적을 기록하고 있다. 한일은행은 증권시장의 움직임에 긍정적으로 편승하고, 단기간 내에 이 분야의 실적을 개선해 적정 수익률을 기록할 수 있도록 최선의 노력을 경주할 계획이다.

이러한 모든 영업활동의 결과로 한일은행은 지난해 3,716억의 영업수익을 기록하였다.

1996년은 많은 변화가 예상되는 해이다. 우선 현재 예정보다 일찍 시행되어 진행되는 금리자율화 작업의 3단계 업무가 국내 경제에 미치는 영향이 완전히 나타나게 될 것으로 전망되고 있다. 또한 종합소득 과세제도의 시행, 예금주 보호정책의 도립, 각종 규제 완화, 제2단계의 외환시장 개혁안 시행 등이 기대되고 있다. 이러한 변화들은 한일은행의 경영환경에도 많은 영향을 줄 것으로 전망된다. 따라서 한일은행의 경영진은 이러한 변화들에 미리 대처할 수 있도록 만반의 준비를 하고 있다.

우리는 현재 국경 없는 경쟁과 급격한 국제화로 대변되는 새로운 경영환경의 시대에 접어들고 있다. 이러한 경영환경은 비단 제1금융권과 제2금융권뿐만 아니라 모든 금융시장에 적용된다고 볼 수 있다. 이러한 경영환경의 변화에 적극적으로 대처하려면 경영시스템의 개선에 의한 경쟁력 개선이 최우선이라고 할 수 있다.

95년 한일은행은 경영의 구심점을 '자율경영 3-3-4 캠페인'에 맞추었다. 이 캠페인은 "혁신, 하나 되어 밝은 미래로"를 경영목표로 규정하고 있다. 이 캠페인의 결과로 서서히 자율경영 환경이 정착되어 가고 있으며, 조직전체가 이를 위해 바뀌어야 한다는 공감대가 형성되고 있다.

한일은행은 앞으로도 혁신과 자율경영을 은행의 기업문화로 정착시키기 위한 노력을 아끼지 않을 것이며, 최상의 결과를 이끌어내기 위한 최선의 노력을 경주할 것이다.

_44_
한국 연극의 거대한 꿈의 실현자

문화한국의 꿈은 문화사랑의 작은 실천에서

예술은 시끌벅적한 세상에서 한 걸음쯤 물러나 있는 청정구역이다. 세상살이에 지친 사람들도 그 구역 안에서만큼은 위로받고 감동을 경험하며 삶의 충만한 에너지를 향유한다. 그러나 이런 예술 본연의 기능이 발휘될 수 있는 여건이 우리 사회에는 아직도 미흡하다.

그동안 앞만 보고 달려왔던 경제 일구기가 어느 정도 자리를 잡아가자 사람들은 '삶의 질을 높이자'며 문화와 예술 쪽으로 고개를 돌렸다. 그러나 이는 표면적인 관심이나 생색에 불과할 뿐, 열악한 문화예술의 환경에는 누구 하나 눈길을 두지 않았다. 즉 경제와 문화의 발

▎「한국연극」, 1997년 8월호에 게재된 기사임.

전 속도가 맞지 않는 절름발이 꼴이 된 셈이다.

나라가 앞장서서 개선시켜야 할 문화예술 환경이건만 나아질 기미는 보이지 않고, 할 수 없이 기업의 지원에 기대를 걸 수밖에 없는 형편이다. 마침 문화사업을 벌임으로써 이미지 쇄신에 박차를 가하는 기업들이 많아 이러한 기대는 점차 증가되었지만, 여전히 기업의 지원 혜택을 받는 부분은 극히 미미하고 더구나 투자의 효용성이 희박한 연극계는 거의 절망적이다.

이런 연극계에 단비가 내렸다. 연극계에 대한 한일은행의 과감한 투자가 바로 그것이다. 이질적인 은행과 연극계가 손을 맞잡음으로써 공생관계를 맺게 된 것이다. 대학로에 티켓박스가 세워졌고, 사랑의 연극잔치와 서울 연극제에 관객들은 좀더 저렴한 가격으로 참여할 수 있게 되는 등 눈에 띄는 성과들이 나타났다.

이는 이관우 한일은행장의 결단 없이는 상상할 수도 없는 일이었다. 은행장의 직함에도 불구하고, 유난히 문화예술 방면에 관심이 많다는 이관우 행장을 만나서 개인적인 이야기에서부터 연극계와 맺게 된 악연(?)의 계기 등을 들어 보았다.

연극계의 든든한 후원자, 한일은행

얼마전부터 연극계의 큰 행사에 낯선 손님이 참석했다. 바로 한일은행 이관우 행장(60세).

그동안 연극계는 철저하게 돈과는 별 인연이 없는 곳인지라 이관우 행장의 등장은 참으로 놀라웠다. 우리의 짧은 소견으로는 은행장이라는 자리는 곧 돈과 연관되는 위치이므로 문화계, 그것도 가장 척

박하다는 연극계의 행사에 유수 은행의 행장이 참석한다는 자체가 하나의 흥밋거리로 충분했다.

그러나 놀라움은 여기서 그치지 않는다. 알고 보니 이미 문화한국의 거대한 꿈을 실현시키기 위해 예금주와 은행이 일정금액을 문화예술진흥기금으로 출연하는 '문화사랑통장'을 만들었는가 하면, 대학로에 공연문화정보센터(티켓박스)의 건립 기금을 전액 지원했고, 1995년부터 향후 3년 동안 사랑의 연극잔치와 서울연극제의 티켓 총 4만 매중 1매당 2천 원씩을 지원함으로써 연극이 대중들과 근접한 거리에 설 수 있도록 힘을 기울여 준 것이다. 게다가 연극협회가 주최하는 크고 작은 행사들에도 어김없이 도움을 주고 있으니 연극계로서는 든든한 후원자를 얻었다.

물론 은행도 이윤추구가 목적인 기업인만큼 손해 볼 일은 절대 하지 않는 법. 그러나 연극계에 대한 한일은행의 도움은 눈앞의 이익을 좇는 근시안적인 발상에서 비롯된 것은 아니라고 보인다. 비록 당장에 창출되는 이익은 아니더라도 미래의 문화발전을 위한 대의적인 투자가 아닐까.

이제 '한일은행' 하면 문화은행이라고 불릴 만큼 이미지 가꾸기에도 성공을 거두고 있다. 역시 돈을 벌 줄만 아는 사람은 매력이 없다. 아낄 때는 아끼더라도 꼭 필요한 곳에는 화끈하게 쓸 줄 아는 사람, 바로 이관우 행장 같은 사람들이 넘쳐날 때 연극계가 굶주림에서 벗어나서 좀더 질 높은 작품을 만드는 데 전념할 수 있을 텐데….

이관우 행장은 경제인으로서의 경영 능력을 인정받았을 뿐 아니라 문화·예술에 대한 애착이 남달라 지원과 관심을 아끼지 않았다. 제32회 백상예술대상 특별상 수상.

변화의 바람을 몰고 다니는 이관우 행장

이관우 행장은 은행계 내에서도 화제의 인물이다. 우선 일반 은행원에서 은행장까지 오른 이력도 독특하고, 은행장 취임 이후에는 '자율경영'을 선포하면서 혁신적이고 앞서나가는 경영철학을 선보여 한일은행을 새롭게 변화시켰다. 또한 바쁜 은행업무 와중에도 문화·예술계에 대한 지원을 단행하여 종래의 은행장 하면 떠오르는 깐깐한 스크루지 같은 이미지를 여지없이 깨뜨리고 있다. 그러니 그의 면면이 궁금하지 않을 수 없다.

이관우 행장은 경기도 의정부 태생으로 보성고를 거쳐 연세대 경제학과를 졸업했다. 우수한 학교 성적에다가 학도호국단 단장을 맡을 정도로 통솔력도 뛰어났던 그는, 대학 졸업 후 '은행이 최고 직장'이라는 믿음으로 1961년도에 한일은행에 입사하였다.

입사 후 역전 지점장, 임원부속실장 등을 거쳐 32년 만에 은행장의 자리에 오르는 기염을 토하며, '컴퓨터 불도저+충성심'이라고 표현되는 성격답게 행장 취임 후 보수적인 은행 체질을 개혁, 새로운 변화의 바람을 몰고 왔다.

'자율경영'을 선포하여 모든 업무가 은행장의 지시가 아닌 부서장의 책임 하에 이루어지게 했고 '임원전용 엘리베이터'를 없애기도 했다. 또한 은행장실에 직원들의 건의사항과 애로사항을 청취할 수 있는 컴퓨터 통신과 팩스를 설치하여 전 직원이 같이 볼 수 있도록 하는 등 열린 마음으로 열린 경영을 실천했다.

이밖에도 중소기업지원 업무에도 남다른 열정을 쏟았고, '통일로 미래로 통장', '문화사랑통장' 등 공익상품을 개발, 은행으로서는 드물게 사회에 대한 이익의 환원을 시도하기도 했다.

이러한 그의 행보는 경제인으로서의 경영능력을 인정받는 것은 물론, '대한민국 기업문화상 최우수상'을 비롯하여 '백상예술대상 특별상', '국민훈장 모란상' 등의 수상이라는 결과로 결실을 맺게 되었다.

이관우 행장이 남달리 문화·예술에 관심을 갖게 된 가장 큰 원인은 뭐니 뭐니 해도 가족의 영향이 절대적이다. 부인 박위자 여사는 대학에서 색채학, 염색공학 등을 가르치고 있고, 두 딸은 각각 성악과 미술을 전공, 집안에서 이루어지는 대화나 여가활동이 자연스럽게 문화예술에 관련된 것이 많다. 그러나 불행히도 이관우 행장 본인은 관심만 많을 뿐 낚시와 등산, 바둑에 더욱 조예가 깊다고.

한일은행의 지속적인 지원을 기대하며

은행의 이익 추구에만 모든 정열을 쏟아도 누구하나 뭐라고 할 사람 없건만, 이관우 행장은 발 벗고 나서서 연극계를 도와주니 연극인들로서는 그저 고마울 수밖에 없다. 이는 경제발전에 걸맞게 정신문화적 발전이 동시에 이루어져야 한다는 평소 그의 신념에서 비롯된 것이며, 편향된 문화조류를 극복, 예술문화 각 분야의 균형적 발전을 위해서는 특히 금융·경제분야에 종사하고 있는 사람들의 적극적인 참여가 절대적으로 필요하다는 믿음의 표출이기도 하다.

살벌한 지배논리의 경제금융계에서 일하는 만큼 이관우 행장은 인간의 정신을 풍요롭게 해주는 문화·예술의 소중함과 가치를 더욱 절실히 느끼는지도 모르겠다. 아직까지 많은 기업의 문화·예술계에 대한 투자가 기업의 이미지 관리를 위한 도구로 사용되거나 생색내기 위한 의도적인 면이 없지 않으나, 한일은행만큼은 경제계와 문화계가 진정한 동반자적인 관계를 구축할 수 있다는 믿음을 주고 있다.

이제 한 달여 앞으로 다가온 세계연극제에도 한일은행은 변함없는 지원을 약속한다. 티켓의 매표소를 본점 및 서울 시내 6개 지점에 설치하여, 관객들이 더 편리하게 티켓을 구입하도록 한 것이다.

하지만 언제까지나 한일은행의 지원을 기대할 수만은 없는 노릇이다. 앞으로도 계속 문화예술계에 대한 지원을 멈추지 않는다고 약속하지만, 자선사업가가 아닌 만큼 밑 빠진 독에 물을 부을 수만은 없지 않은가? 일방적 관계가 오래가지 못하는 만큼 우리 연극계도 받는 만큼 되돌려 줄 수 있는 방안들을 강구해야 한다. 지원금은 대가 없는 공짜가 아니다.

우리 연극인들은 이관우 행장이 있는 한, 지푸라기를 잡는 심정으로 연극계에 대한 그의 애정과 관심을 기대할 수밖에 없다. 그러나 가만히 앉아서 호사를 누릴 생각은 없다. 받은 만큼의 몇 배의 효과를 창출할 수 있도록 연극인 모두가 각자의 자리에서 최선을 다할 것이다.

이관우 은행장을 말한다

어디를 가든 환영받는 사람

이관우 행장과는 1950년 보성중학교 1학년 때 만났으니 올해로 48년지기 친구다. 그는 아주 모범적인 사람으로서 우선 가정에 충실하고, 학교 다닐 때도 우등생이었을 뿐만 아니라 운동도 참 잘했다. 태권도가 3, 4단 정도 될까? 연세대 재학시절에도 태권도로 이름을 날렸다.

한일은행에 들어가서는 일반인들이 칭찬할 만한 은행가로 거듭났고, 항상 공부를 게을리하지 않아 모든 부분에서 상당한 실력을 갖추고 있다. 또한 친교부분이 넓어 어디를 가든 환영받는 사람이다.

앞으로 바라는 점이 있다면 은행도 국제화 시대에 접어든 만큼 좀 더 외국지향적인 시각을 갖고 일을 추진하기를 바란다. 물론 본인도 이에 대비해서 철저히 준비 중인 것으로 알고 있다.

— 송영수 한진중공업 사장

새로운 이미지의 은행장

간혹 뵙지만 종래의 은행장이 갖고 있는 깐깐하고 보수적인 이미지를 찾아 볼 수가 없다. 은행원에서 은행장까지 되는 동안 강한 추진력과 돌파력이 돋보이면서도 큰 체구에 비해 상당히 섬세한 면이 있다는 데 놀랐다. 은행 업무에 있어서도 양적 발전뿐만 아니라 내실을 다지는 섬세함을 발휘한다.

그러나 가장 놀라운 부분은 문화캠페인에 앞장선다는 것이다. 어느 날 텔레비전에서 대학로의 문화행사에 참가하고 있는 행장님을 보고 감동을 받았다. 은행이라고 하면 돈만 생각하기 쉬운데, 돈에서는 약간 소외되어 있지만, 삶의 질을 높이기 위해 힘쓰는 문화예술분야에 지원을 하고 있으니 얼마나 감동스러운 일인가? 그래서 은행으로 달려가 자발적으로 문화사랑통장을 만들기도 했다.

간혹 모임에서 만나면 분명 어려움이 있을 텐데도 항상 웃음을 잃지 않는 낙관적인 모습 또한 매우 보기 좋다.

이제 금융시장 개방 등 어려운 상황이 있겠지만, 앞으로도 문화사랑이라는 부분에 항상 관심을 갖고, 당장의 은행 수익에 급급하지 말고, 먼 훗날을 생각할 줄 알았으면 좋겠다.

- 박용정 한국경제신문 사장

여기 저기 관심이 많은 친구

삶의 자세가 아주 성실하고 곧은 친구다. 성격이 상당히 원만하고 세심한 면이 눈에 띈다. 고등학교 시절에는 학도 호국단의 대대장을 할 정도로 통솔력이 있었는데 지금은 바빠서인지 운동을 못해서 살이 많이 쪘다. 체중을 감량했으면 한다.

바쁜 와중에도 문화·예술에 관심이 많고 사회·복지 등 여러 가지 분야에서 활발한 활동을 보이고 있는 부지런한 친구다.

- 송용욱 변호사

문화예술에 대한 관심이 무척이나 고맙다

좋은 분이다. 은행장의 위치라는 것이 문화 예술쪽에 신경 쓸 자리가 아닌데도 관심을 가져주셔서 정말 고맙다. 본인의 안이한 영리와 더 높은 곳으로 가기 위한 관심이 클 법한데도 문화예술 분야의 지원에 앞장서서 노력하시는 것을 보면 생각하는 시각이 여느 사람과는 다르다는 것이 느껴진다. 아마 은행장이 아닌 다른 위치에 있었어도 이쪽에 관심을 가지고 도와주셨을 것이다.

나는 직접 한일은행과 관련을 맺고 있지는 않지만, 약간의 친분이 있어 우리 극단 공연의 표를 사주신 적도 있었는데 많은 도움이 되었다.

- 유인촌, 극단 '유' 대표

한일은행이 앞장서서 문화예술복권을 만들어 주기를!

은행장님은 문화예술계에 정말 공이 큰 분으로서 돌아가시면 반드시 비석을 세워 드려야 한다. 이분 때문에 우리 연극계가 아주 좋아졌는데, 더 잘될 수 있도록 많은 도움을 앞으로도 부탁드린다.

은행장님과는 최병렬 의원의 소개로 알게 되었는데, 우리 극단에도 많은 도움을 주셔서 한일은행 행사에는 빠짐없이 참석하려고 한다.

한 가지 큰 바람이 있다면 문화예술인이 스폰서를 잡으러 뛰어다니는 일이 없도록 한일은행이 앞장서서 문화 복권을 만들어 주면 어떨까?

- 김형곤, '곤이랑 아트홀' 대표

삶의 질을 높여주는 문화예술에 대한 지원

Q 정진수: 만나 뵙게 되어 반갑습니다. 바쁘시겠지만, 평소에 연극은 자주 보시는지요?

A 이관우: 바쁘게 직장 생활을 하다보면 가끔은 일상사를 떠나서 마음을 비우고 싶을 때가 있더군요. 그럴 때면 혼자서 낚시를 하거나 산행을 통해 자연 속에 파묻혀 보기도 하고, 연극이나 영화 관람을 통해 카타르시스를 경험하기도 합니다. 늘 여유롭게 사고하고 행동하려고 노력하지만 은행장에 취임하면서 현장경영을 모토로 뛰다 보니 일정상 거의 개인적 시간을 내기 어려운 형편입니다. 그래도 요즘은 1년에 3~4회 정도 볼 수 있으니 다행이지요. 오히려 자주 기회가 없어 좋은 연극만을 보려고 하다 보니, 연극에 대한 호감이 더욱 깊어지는지도 모르겠습니다.

Q 정진수 : 은행에서는 최초로 문화관련 상품을 개발하셨는데요, 문화사랑통장의 발매 배경과 성과, 전망 등을 말씀해 주십시오.

A 이관우: 그동안 우리나라는 경제부문에 있어서 세계에서 그 유례를 찾아보기 힘들 정도의 성공을 거두었지만, 문화부문에 대한 관심은 저조하여 열세를 면하지 못하고 있습니다. 황소개구리가 사회문제화 된 것처럼 우리 문화도 국제화, 개방화에 따라 외래문화에 의한 잠식이 우려될 정도라고 생각합니다.

이러한 현상에 은행도 무관심할 수 없고, 우리 은행의 경영이념이기도 한 '인류와 사회에 공헌하는 은행' 의 작은 실천의 하나로 문화사업 지원을 떠올렸습니다. 아울러 문화예술을 사랑하고 아끼는 고객들이 많아 그분들의 희망에 보답할까 하는 마음에서 문화사랑통장을 개발하게 된 것이죠.

현재 13만 명이 문화사랑통장에 가입하여 590억원에 이르고 있으며, 문화예술을 사랑하는 국민들의 정서에 비추어 볼 때 향후 꾸준히 신장되리라 예상합니다.

Q 정진수: **특별히 문화에 관심을 갖게 되신 이유는 무엇입니까?**

A 이관우: 네 가지를 말씀드릴 수 있겠습니다. 우선 국민소득이 증대하면서 레저와 함께 문화예술에 대한 욕구도 상당히 높아졌고, 사회가 발전할수록 그 욕구는 더욱 증가하리라는 믿음에서 관심을 갖게 되었습니다.

둘째, 근년에 와서 우리 수출품이 경쟁력을 잃어가는 큰 이유 중 하나가 제품에 우리 고유의 문화와 정서가 담겨져 있지 않아서라고 합니다. '가장 한국적인 것이 가장 세계적' 이라는 역설을 믿고 있기 때문에 더욱 우리 고유문화에 애착을 갖고 있습니다.

셋째는 개인적인 경험에서 비롯된 것인데, 80년대 중반 우리 은행에서 지점별 합창대회가 있었습니다. 준비하는 과정에서 직원들의 마음이 하나 되고 얼굴이 밝아지는 것을 보았습니다. 여유를 찾게 하고 상호간 우의를 돈독히 하는 문화활동의 중요성을 직접 체험했습니다.

마지막으로 집사람이 대학에서 미술을 가르치고 있고, 큰딸은 성악, 둘째딸은 미술을 전공하니 자연스럽게 관심을 갖게 되었지요.

Q 정진수: 은행과 문화의 바람직한 관계는 어떤 모습일까요?

A 이관우: 집안에 가풍이 있듯이 모든 기업은 나름의 문화를 갖고 있습니다. 기업문화가 조직생산성에 순기능 역할을 하도록 가꿀 필요가 있다고 생각합니다. 그래서 문화를 제5의 경영자원이라고 하지 않습니까? 제가 은행장에 취임해서 직원 및 가족들을 위해 정기적으로 영화를 상영하고 각종 음악회와 어린이 미술대회를 개최하며, 기업메세나 활동에 적극 참여하는 것도 이런 이유 때문입니다.

기업이 자기 고객은 물론 사회발전의 동반자로서 인식될 때 성장이 가능하다고 생각합니다. 그래서 은행도 사회를 풍요롭게 만드는 문화예술의 후원자 역할을 충실히 해야겠지요. 기업의 이윤을 만들어 준 고객들에게 그 이익의 일부를 다시 환원한다는 측면에서 문화예술에 대한 지원활동이 의미를 가지며, 한편으로는 이를 통해 다양한 고객들을 창출할 수 있다면 일석이조인 셈이죠.

Q 정진수: 경제가 악화되면서 문화협찬에 대한 각 기업의 지원이 축소되어 가는 경향입니다. 이에 대한 행장님의 의견은 어떻습니까?

A 이관우: 당장의 이익을 바라고 지원하는 것이 아닙니다. 경제와 문화는 언제나 밀접한 관계에 있지요. 경제가 어렵다고 해서 문화예술에 대한 지원의 손을 놓으면 영원히 발전할 수 없겠지요. 어려울 때가 도약할 계기입니다. 삶의 질을 높이고, 청소년을 선도할 수 있는 문화예술의 기능을 생각해 지원을 계속 확대해 나갈 계획입니다.

Q 정진수: 이제 티켓박스는 대학로의 명물로 자리 잡았습니다. 연극계에서도 한일은행의 홍보에 앞장서고 있는데요, 앞으로도 지속적인 관심을 부탁드립니다.

A 이관우: 티켓박스를 비롯한 연극계에 대한 지원이 아주 잘한 일이라며 많은 칭찬을 받았습니다. 앞으로도 지원의 범위를 확대하는 방향으로 열심히 노력하겠습니다.

_45_
금융혁신 '튀는 아이디어' 반짝반짝

이관우 한일은행 상임고문(62)은 좀 독특한 사람이다. 8월 5일 비상임이사회에서 행장직을 전격적으로 사임한 그는 7월 31일 상업은행과 한일은행의 합병을 성사시켜 주목 받기 이전부터 금융계에서는 꽤나 '튀는' 인물로 부각되어 있었다. 자신의 생각이나 개성을 드러내기를 싫어하거나 아예 그럴 줄 모르는 보수적인 금융계에서 그는 거침없이 소신을 밝히고 행동으로 옮기기 때문이다.

금융 제도상의 작은 문제부터 경제 운영의 큰 틀에까지, 이 고문은 끊임없이 아이디어를 창출해 자기 견해를 정부나 언론에 스스럼없이 개진했다. 그래서 주위에서는 그를 '은행 사람 같지 않다' 혹은 '무슨 다른

▌「뉴스메이커」 1998년 8월호에 게재된 기사임.

목적이 있어서 저러는 것 아닌가' 하는 의혹의 시선을 보내기도 했다.

은행원 같지 않은 거침없는 소신

그 언행의 일단을 보자. 96년 4월 능률협회 주관 금융기관 임직원 세미나에서 당시 이 행장은 경영혁신을 강의하면서 네 가지를 제안했다.

"첫째, 은행들이 현금지급기(CD)와 현금입출금기(ATM)를 경쟁적으로 설치함으로써 돈이 많이 들고 보안상의 문제가 있다. 은행 공동으로 지역별로 한 장소씩 지정해서 기계를 한 곳에 설치하자. 그러면 건물 임대료를 아끼고 보안을 강화하면서 고객 선택의 폭도 넓힐 수 있다.

둘째, 개인에 대한 신용대출을 늘리는 데 정보가 부족하다. 국세청이나 경찰의 개인정보를 금융정보와 연결하자.

셋째, 기업 여신에서 대기업에 대한 자료가 부족하고 특히 외화차입 등에 관한 정보가 들어오지 않는다. 기업 정보의 데이터베이스를 구축하고 주거래 은행(현 주채권은행)들이 갖고 있는 정보들을 부거래 은행들도 공유할 수 있도록 하자.

넷째, 금융전산망이 통합되는 것은 좋지만 해커가 한번 들어오면 한국 금융 전체가 망가진다. 따라서 전산망을 침입하는 해커에 대응하는 방어 해커를 금융권 공동으로 양성하자."

물론 이 주장들은 거의 받아들여지지 않았다. 일개 은행장의 말을 정부가 정책으로 연결시키기는 어려운 것이 현실이다. 그러나 은행들이 부실대출로 망가지고 비용이 증가해 적자가 대폭 확대된 오늘의 현실을 보면 당시 주장을 공감하지 않을 수 없다.

다음은 97년 상반기 한보 사태 이후 대기업의 부도사태가 연이을 때였다. 당시 외환위기의 조짐이 서서히 가시화되면서 큰 기업들이 속속 무너졌다. 종금사가 단기로 빌려온 외자를 갚으려고 국내 기업에 대한 여신을 회수하면서 사태는 걷잡을 수 없이 번져갔다. 그래서 나온 것이 어음제도의 개선이다.

이관우 고문은 융통어음 중에서도 제 2·3금융권이 갖고 있던 어음은 일정 기간 동안 돌리지 못하게 하는 방안이 시급하다고 지적했다. 부도유예협약을 적용해 서로 어음을 돌리지 않기로 하고서는 종금사가 약속을 어기고 어음을 교환에 돌려 버리니 특단의 조치가 필요하다고 역설했다. 그래서 융통어음(기업어음·CP)은 부도가 나더라도 해당 발행기업의 당좌거래를 정지시키지는 말자고 제안했다. 결국 이 방안도 종금사의 반발로 무산됐다.

그러나 이 고문은 이 주장을 굽히지 않아 98년 1월 9일 김대중 대통령 당선자와 만나서도 어음제도의 개선과 정보공유제도의 확대를 다시 건의했다. 정부측이 "당신 주장이 옳다. 그러나 우리도 문제를 알고 검토하고 있으니 제발 가만히 있어 달라"고 할 정도였다.

97년 3월에는 자신이 주최한 30대그룹 기조실장 회의에서 '대출의 사전 예고제'를 주창했다. 대기업들이 연초에 연간 설비투자계획과 운전자금 소요액 등을 시기별로 산정해주면 은행은 그에 맞춰 국내외에서 자금을 조달하겠다는 것이었다. 그래야 은행은 자금 계획을 짤 수 있고 기업도 불이익 없이 필요한 시점에 즉시 대출받을 수 있다고 그는 역설했다. 물론 이 방안도 시행되지 못하고 있다.

이 고문이 해온 이 주장들은 평범한 은행원이 생각할 수 있는 것들은 아니다. 금융학자들도 쉽게 생각할 수 없는 주장들이다. 금융 실무에 익숙하면서도 이론적인 틀을 갖춘 사람만이 가능한 일일지 모른다. 언제 그런 생각을 해내고 정리하느냐는 질문에 이 고문은 쉽게 답한다.

"학자·전문가에서부터 젊은 은행원들까지, 많은 사람을 만나 대화합니다. 거기서 나온 얘기들을 갖고 하루 이틀 고민하면 나름의 해결 방안이 나오지요."

그는 은행과 대기업간 관계의 균형을 맞추는 데 일조한 인물로도 금융계의 인정을 받고 있다. 과거 경제개발 초기에는 대기업, 즉 재벌보다는 자금줄을 죄고 있는 은행의 영향력이 강했다. 그러나 80년대를 넘어서면서는 재벌이 세계적인 기업으로 성장하고 자금 조달원이 은행에서 제2금융권이나 주식·채권 등 직접금융시장으로 옮겨가면서 은행과 재벌의 역학관계가 역전되었다. 은행들은 중견기업이나 중소기업에는 여전히 힘의 우위를 누렸지만 재벌에 대해서만큼은 영향력은커녕 종속적인 관계로 전락했던 것이다.

은행-대기업 관계 균형 맞추기 일조

이 같은 상황은 정부가 기업 구조조정을 은행을 통해 추진하면서 서서히 바뀌기 시작했고, 한일은행의 30대 그룹 재무구조 개선 약정 체결에서 상징적인 변화를 겪었다. 한일은행은 부채비율 축소 등 재무구조 개선에 관한 약정서의 부속서류로 "은행에 제출하는 재무제표 등 각종 서류에 허위가 발견되면 민·형사상의 책임을 진다"는 문구를 넣고 사인을 받았다. 은행이 재벌에게 법적인 책임을 구속력 있게 약속 받은 것은 매우 이례적이다.

이 고문은 이들 약정서의 사인을 재벌 회장들이 은행에 와서 직접 하도록 해 더욱 눈길을 끌었다. 이에 관해 그는 이렇게 회고한다.

"처음엔 해당 기업의 관련 임원들에게만 설명했습니다. 그러나 재무구조 개선에 관한 구체적인 내용이 오너들에게는 제대로 전달된 것 같지 않더군요. 그래서 은행 내부의 신중론과 달리 직접 오너들이 사인하도록 했습니다. 11개 주채무그룹(주거래그룹)의 회장 가운데 연세가 많은 네 분은 내가 직접 찾아가 사인을 받았지만 나머지 일곱 분은 은행에 직접 나오도록 부탁했지요."

이렇게 조금은 무리수를 둔 배경에 대해 이 고문은 "시중은행 가운데 재벌 거래가 가장 많은 우리 은행이 모범을 보여야 다른 은행들도 제대로 약정을 맺고 기업 구조조정을 확실하게 추진할 수 있다고 여겼다"고 말했다.

이러한 그의 기업구조조정 전략은 한일은행에서 '윈윈 작전'으로 통한다. 기업의 강도 높은 자구 노력을 촉구하면서 은행도 친분 있는 외국의 금융기관이나 컨설팅 회사를 통해 기업에 도움을 주고, 결과적으로는 '우량기업화─은행의 부실 축소─우량은행화'의 긍정적인 결과를 노린 것이다. 기업도 살고 은행도 사는 동시회생의 전략인 셈이다.

이 고문이 이렇듯 기업들에게 개혁을 요구하는 만큼 은행 자체의 개혁에도 소홀하지 않으려 애썼다.

그 대표적인 예가 투자공학팀과 네트워크관리팀. 투자공학이란 예금이나 차입 등을 통해 모은 돈을 얼마만큼 어느 곳에 어느 수준의 금리로 운용할 것인가, 고정자산이나 펀드 또 주식에는 얼마를 투자할 것인가, 이들 투자대상의 리스크는 어떻게 관리할 것인가 등을 수학적 모델에 의해 풀어내는 것이다. 조달한 자금의 효율적인 배분과 운용을 연구하고 분석·평가하는 것이기도 하다. 95년 가을에 발족한 이 팀에는 현재 계량경제학·수학·통계학·물리학 등의 전공자 일곱 명이 다른 은행의 부러움을 사면서 엘리트로 일하고 있다.

투자공학팀 등 운영 은행 자체 개혁 심혈

네트워크관리팀은 전산의 하드웨어/소프트웨어에 관한 설계·구축, 트래픽(처리장애) 해소, 보안 등을 맡는다. 이 고문은 이 팀을 지난해 6월에 구성, 바로 외국에 보내 네트워크관리사 자격증을 따게 했고 이들이 최근 귀국해 활동 준비에 들어갔다. 최근 한일은행의 외자유치를 추진한 리만 브라더스는 이 은행에 네트워크관리팀이 있다는 사실을 알고는 놀랐다고 한다.

그는 임직원의 개인 자질 향상에서도 특이한 방법을 사용했다. 96년부터는 해외 지점장들로부터 현지 언어로 보고받았다. 행장 자신은 알아듣지 못해도 국제부 직원을 배석시켜 통역으로 보고받고 질의응답을 함으로써 지점장이 반드시 주재국의 언어를 익히게 했다. 컴퓨터 교육에서도 행장이 예고 없이 이메일을 띄워 놓고는 수신자가 과연 스스로 열어볼 수 있는지 시험하곤 했다.

이처럼 차별화된 착안은 어디서 출발했을까?

"1994년 11월 행장에 오른 뒤 과거와는 뭔가 다른 식으로 은행을

이관우 행장은 활발한 해외 교류로 인해 금융의 세계화를 꾀하는 데 노력을 아끼지 않았다. 당시 중국인민은행 상해 은행장 모응양과 함께.

끌어가야겠다고 마음먹었습니다. 성장 위주의 경영혁신 쪽으로 방향을 틀었죠. 3·3·4운동과 같은 경영혁신운동이나 몽골·중국·베트남·캄보디아 등 사회주의권의 금융외교는 이런 맥락에서 시도한 것입니다."

이 같은 경영 다지기에 이어 이 고문의 은행경영은 외자유치 노력과 전격적인 은행합병에서 절정을 이룬다.

이 고문은 올 6월 어느 날, 당시 동료행장인 배찬병 현 상업은행장과 비밀약속을 한다. 공교롭게도 이 행장과 배 행장은 연세대 상대 56학번 동기로 친구이자 생년월일이 이 행장 36년생, 배 행장 37년생으로 연도만 한 해 차이 날 뿐 같은 6월 26일이다.

3부 언론이 본 이관우 _ 기사 및 인터뷰 229

평소에도 자주 만나온 두 사람은 "각기 외자유치에 노력해서 독자 생존하되 만일 여의치 않으면 상업과 한일이 합병하자"고 약속했다. 이후 외자유치에 대해 정부가 우선 지원할 가능성이 적어지자 이 고문은 외자유치를 잠시 접어두고 합병으로 방향을 돌려 배 행장과 합병을 최종 합의하기에 이른다. 그리고는 7월 하순 금융감독위원회에 합병 계획을 내밀하게 알리고 부실채권 정리 등에 관한 정부지원을 약속 받는 치밀함을 잃지 않았다.

상업과 한일의 합병은 한국 금융사는 물론 경제사에 길이 남을 대사건이다. 한국의 대형은행 두 곳이, 그것도 자발적으로 합병함으로써 금융구조조정의 가장 대표적인 사례로 기록되었다. 기록이 아니고도 두 은행은 합병을 통해 세계 금융기관 대열에 낄 수 있는 초대형 은행으로 성장하는 발판을 마련했다는 사실은 결코 작은 의미가 아니다.

그 주역인 이 고문은 한 발 더 나아가 합병 발표 닷새만인 8월 5일 확대이사회에서 "후배에게 길을 터주고 합병을 후선에서 지원하기 위해"라는 말을 남기고 전격 퇴진하는 '멋'을 보여주었다.

총 36년 6개월의 은행생활을 명예롭게 마치고 퇴진한 이 고문. 그러나 그에게도 한스러운 것이 있다. 바로 IMF 사태에 대해 금융인의 한 사람으로서 느끼는 죄책감이다.

"'97년 1월과 5월 해외지점장 회의에서 환율상승을 예견, 단기채를 장기채로 바꾸고 해외채권과 외화자산을 줄이라고 지시했지만 좀더 분명하게 하지 못했습니다. 그때는 이미 늦었던 것도 사실이지요."

후배들은 자신과 같은 아쉬움을 갖지 않도록 잘해달라는 부탁을 하면서 그는 퇴임의 변을 대신했다.

_46_
슈퍼뱅크 탄생…
은행 빅뱅 신호탄

한일·상업은행 합병의 의미– 한일·상업은행 합병

'슈퍼뱅크'가 탄생한다. 총자산 105조원, 자기자본 4조원에 달하는 거대은행이 생겨난다. 탄생일은 내년 2월. 과도기 이름은 '상업한일은행'이다. 말로만 나돌던 슈퍼뱅크가 마침내 출현하는 것이다. 배찬병 상업은행장과 이관우 한일은행장은 7월 31일 두 은행의 합병을 전격 선언했다. 합병방식은 대등합병, 비율은 실사결과 정해진다.

상업은행과 한일은행의 합병은 크게 두 가지 의미를 지닌다. 우리도 이제 세계 1백대 은행을 탄생시키는 만큼 금융산업이 질적으로 도약할 계기를 잡았다는 게 첫 번째다. 두 번째는 다른 은행의 연쇄합병

「한경 Business」 1998년 8월 11일에 게재된 기사임.

을 유발, 금융산업지도를 송두리째 바꿀 기폭제가 됐다는 점이다.

실제가 그렇다. '홀로서기'를 선언했던 모든 은행이 이제 '합병이 아니면 생존이 불가능하다'고 인식하기 시작했다. 정부도 3~4개의 슈퍼뱅크 시대를 열기 위해 분주하다. 제2슈퍼뱅크의 주인공은 조흥은행이 될 것이라는 게 일반적 시각이다.

조흥은행은 이미 합병작업에 들어갔다. 조흥은행을 둘러싼 조합은 다양하다. 당장 외환은행과 주택은행이 꼽힌다. 외환은 내로라하는 국제금융특화은행이다. 도매금융에 일가견이 있는 조흥과 합할 경우 그 폭발력은 상업한일은행 이상이다. 주택은행과의 합병도 마찬가지다. 조흥은 특히 주택은행과의 합병에 심혈을 기울이고 있어 성사가능성이 높은 편이다.

하나 보람은행의 합병도 여전히 유효하다. 물론 합병비율을 둘러싸고 난관에 봉착해 있는 건 사실이다. 그러나 슈퍼뱅크 대열에 합류하지 않을 경우 영원히 낙오한다는 조급함을 두 은행은 느끼고 있다. 하나 보람은행의 합병이 성사될 경우 장기신용은행도 조만간 이들 은행에 합류할 것으로 보인다.

합병 성공해야 진정한 슈퍼뱅크 시대

그러나 대형은행이 단순히 합친다고 해서 슈퍼뱅크가 되는 것은 아니다. 합병이 성공해야만 진정한 슈퍼뱅크 시대가 열린다. 자칫 잘못하면 '실패한 실험'으로 끝날 가능성도 높다. 첫째 관건은 합병은행을 얼마나 빨리 건전화시킬 수 있느냐 여부다. 상업은행과 한일은행은 사실상 부실은행이다. 지난 6월말 현재 두 은행의 요주의 이하 불건

전여신은 14조 8,352억원에 달한다. 총여신(62조 8,426억원)의 23.6퍼센트에 해당하는 엄청난 규모다. 이를 조기에 해소해야만 합병이 성공한다. 그러자면 정부의 대규모 지원이 필수적이다.

둘째는 합병에 따른 시너지효과를 어떻게 극대화할 수 있느냐다. 두 은행의 성격상 시너지효과를 내기는 극히 어려운 게 사실이다. 두 은행은 똑같이 기업금융과 소매금융을 취급한다. 942개 점포도 대부분 중복된다. 직원 1만 5,302명의 질도 엇비슷하다. 상호보완성이라곤 전혀 없다. 이런 어려움을 얼마나 효율적으로 극복하느냐에 합병의 성패가 달려 있다.

셋째는 대량해고 후유증을 얼마나 최소화할 수 있느냐다. 합병효과를 극대화하려면 대량해고는 필수적이다. 1만 5천여 명의 직원 중 최소한 5천여 명은 은행을 그만둬야 한다. 후유증을 최소화하면서 대량해고를 단행할 수 있어야만 합병은 성공한다.

문화적 이질감 치유도 슈퍼뱅크의 성패를 가름할 주요 변수다. 엇비슷한 은행 간 합병은 자연스럽게 두 개의 파벌을 만든다. 두 파벌이 으르렁거리면 합병을 안 하느니만 못하다. 서울은행과 한국신탁은행의 합병이 실패로 끝난 것이 그 대표적 예다.

_47_
상업·한일은행 '슈퍼뱅크 시대' 개막

– 한일·상업은행 합병 공식발표

　국내 최초로 대형은행 간 합병이 성사됨으로써 은행권의 본격적인 빅뱅이 시작되었다. 지난 7월 31일 오전 10시, 상업은행의 배찬병 은행장과 한일은행의 이관우 은행장은 은행회관에서 공동기자회견을 갖고 '양은행의 합병'을 공식 발표, 마침내 국내에도 '슈퍼뱅크시대'의 개막을 알렸다.

　상업·한일은행은 6월말 현재 자기자본금 4조 897억 원, 총자산 105조 원이 넘는 슈퍼은행으로 거듭나게 된 것이다.

　합병방법은 일대일 대등합병으로 하고, 합병비율은 전문기관의 실사결과에 따라 추후 확정키로 하였다. 은행이름은 잠정적으로 '상업

「금융정보」 1998년 8월에 게재된 기사임.

한일은행'으로 사용하되 빠른 시일 내에 은행명을 공모, 사용키로 합의했다.

또한 합병등기와 관련, 양은행의 합병은 대등합병임으로 신설합병의 원칙이나 신설법인은 5년 이내 상장할 수 없는 등 현행법상 여러 가지 법적·경제적 제약이 있어 설립일이 빠른 상업은행을 존속법인으로 사용키로 하였다.

아울러 두 은행은 원만한 합병을 위해 '합병위원회'를 동수로 구성하여 정부와의 긴밀한 협조 하에 구체적인 세부사항 및 일정을 결정해 나가기로 했다.

그러나 두 은행의 자발적인 합병이 성공하기 위해서는 산적된 문제들을 어떻게 처리하느냐가 '성패'의 열쇠라 할 수 있다. 은행 스스로의 엄격한 도덕성과 책임경영, 선진국의 경영기법 도입 등 획기적인 경영쇄신을 비롯하여 조직·인력의 효율적인 정비, 기존 부실여신의 조기정리, 국제수준의 적정 자기자본증자 등이 대표적인 예라 할 수 있다.

한편 정부는 양은행의 공식적인 합병 선언 후 '상업·한일은행이 확실한 우량은행으로 성장할 수 있도록 증자와 부실채권 매입, 세재 등 모든 측면에서 적극지원' 할 방침인 것으로 알려졌다.

| 에필로그 |

21세기 선진 금융 한국을 위하여

 IMF를 겪은 지 벌써 10년이라는 세월이 흘렀다. IMF 당시의 어려움이 벌써 먼 옛날 일인 듯, 우리는 코스피(KOSPI) 지수 2,000과 1인당 국민소득 3만불 시대를 바라보고 있다. 우리의 금융산업도 몰라보게 달라졌다. 단지 규모만 성장한 것이 아니라, IMF 사태를 겪으면서 제기되었던 많은 문제점들을 보완하고 그에 대한 대비책을 마련하여 체질적으로도 상당한 발전을 이루었다. 더구나 세계 최고 수준의 IT 인프라를 활용한 인터넷 뱅킹 서비스는 가히 놀랍다고 할 수 있다.
 그러나 아직 우리 스스로 '금융 선진국'이라고 자신하기에는 뭔가 부족한 느낌을 지울 수 없다. 아직도 거대 국제 금융자본 앞에서는 왠지 위축되는 느낌을 떨쳐버릴 수 없으며, 외국의 투기자본 하나도 가볍게 상대하지 못할 만큼 우리에게는 부족한 점이 많다는 사실을 부인할 수 없다.

금융산업의 외형적 성장, 수많은 전문인력 보유, 지난 10년간 축적한 국제금융의 노하우, 세계수준의 인터넷 뱅킹 같은 많은 장점을 가지고도 우리가 아직 국제 금융시장의 파워 하우스(Power House)로서의 입지를 굳혔다고 자신하지 못하는 이유는 무엇일까? 우리가 당당히 금융선진국으로 자리매김하려면 어떤 일을 해야 할까? 이러한 물음들에 대한 대답을 현재 우리의 금융산업이 당면한 현실과, 국제 금융시장에서의 한국의 위치를 살펴봄으로써 찾아보고자 한다.

서론

근대 경제를 움직이는 주요 동력은 돈과 에너지와 정보, 이 세 가지로 압축할 수 있다. 근대 경제발전에서 은행업무의 중요성을 간과할 수 없는 이유는 바로 은행이 이 세 가지 동력 중 '돈'을 움직이는 업무를 담당하고 있기 때문이다.

은행은 효율적으로 자금을 중개하고 신용을 창조하며 원활한 자금결제를 지원함으로써 효과적인 돈의 흐름과 유동성을 조절한다. 또 위험이전(Transfer of Risk)을 원활하게 하며 저축과 투자를 연결하여 경제개발에 필수적인 자본조달을 가능케 하는 것이 바로 은행이다. 한국 금융산업이 나아가야 할 바를 살펴보기 위해서는 바로 이 은행의 기본 업무에 대한 새로운 고찰이 필수사항이다.

모든 중개자(Intermediary)의 업무는 '정보의 비대칭성'에 근거한다. 완전경쟁시장처럼 정보의 완벽한 공유가 이루어지고, 자본이동이 매

개체의 도움 없이 이루어질 수 있다면 은행의 업무 역시 새로 정의되어야 할 것이다. 그러나 정보의 비대칭은 실존하는 문제이며, 이를 효율적으로 조절하고 관리하는 것은 금융중개자로서의 은행의 주요 역할 중 하나다. 경제 발전과정 초기 단계에서는 시장의 불완전성에 의한 정보의 비대칭이 심하다. 그렇기 때문에 정부 주도의 계획경제하에 자금의 흐름을 조절하는 것이 더 효율적일 수도 있다. 그러나 발전단계가 어느 수준 이상에 도달하여 시장의 불완전성이 해소되면 정보의 공유가 활발해지고 정보의 비대칭 문제가 약화되어 시장 논리에 의해 자금이 이동하는 것이 더 효율적이라는 것은 누구나 다 아는 사실이다.

문제는 시장경제가 하나의 패러다임에서 다음 단계의 패러다임으로 전환되는 시기의 변동성과 위험성에 어떻게 효율적으로 대처하느냐는 것이다. 자금 이동이 경직되어 있는 계획경제를 토대로 성장한 금융기관이 시장논리에 의거한 관리 시스템을 갖춘 금융기관과 경쟁하기는 어렵다. 시장의 유동성과 위험에 효과적으로 대처할 수 있는 전문성과 시스템을 갖추지 못하면 심각한 상황에 처할 수 있다는 것을, 우리는 10년 전 너무나 큰 대가를 치르고 배웠다. 물론 그 이후 우리의 금융산업은 외형적으로나 내실 면에서 괄목할 만큼 성장했다. 만약 지금 10년 전의 상황이 재발된다 해도 결과는 확연히 다를 것이라는 확신이 들 만큼 우리의 금융산업은 놀랄 만큼 크게 발전했다.

그러나 우리가 발전한 만큼 국제 금융시장도 빠른 속도로 발전하고 있으며, 그 패러다임도 커다란 변화를 겪고 있다. 따라서 경쟁력을 갖추는 수준에서 만족하는 데 그치지 말고 다시 한번 새로운 변화를 도모해야 한다. 선진금융기법을 배우고 국제 금융시장에서 경쟁력을 확보하는 수준에서 만족하는 것이 아니라, 국제 금융시장을 주도하는 선진금융국가로 도약하기 위해서 우리가 어떤 자세를 가져야 하는지 생각해야 한다.

우선 은행의 업무와 역할이 시장 환경의 변화에 따라 어떻게 변화하는지에 대한 고찰이 필요하다. 나아가, 급격히 변화하고 있는 국제 금융시장 환경에서 한국 금융시장 환경은 어떤 위치에 있는지 돌아봐야 할 것이다. 이러한 분석을 기반으로 향후 우리 금융인들의 자세는 어때야 하는지 살펴보고자 한다.

은행 및 금융산업의 변화

미국 은행이사 협회(American Association of Bank Directors)의 자문위원인 에드워드 프래시(Edward Furash)는 이렇게 말했다. "은행업무(Banking)는 근대 경제에 필수적이지만 은행(Bank)은 아니다." 이 말은 상당히 많은 의미를 함축하고 있다. 앞서 언급했듯이 근대 경제에서 돈을 효율적으로 움직이는 일은 필수적인 업무다. 그러나 그 업무를 담당해야 하는 기관이 '은행'이어야만 한다는 규정은 어디에도 없다. 은행의 업무내용 또한 하루가 다르게 바뀌고 있으며, 고객과의 관계 관리도 예전과는 완전히 다른 것이 오늘의 현실이다. 이러한 은행업무의 변화는 시장환경의 변화에 기인한다.

가장 큰 변화는 정보통신 시스템의 발전으로 인한 정보의 가치변화이다. 가끔 이런 생각을 해 본다. '만약 10년 전 지금과 같은 정보 시스템이 갖춰져 있었다면, 과연 우리는 IMF 사태를 겪게 되었을까? IMF 사태의 직접적인 원인을 계획경제와 관치금융의 필연적인 결과로 보던, 국제금융 리스크에 대한 충분한 준비 없는 과도한 노출의 결과로 보던, 아니면 일부에서 주장하던 대로 헤지펀드의 음모에 희생당한 것으로 보던, 지금과 같은 정보 시스템이 갖춰져 있는 상황이라면 결과는 완전히 달랐으리라는 것이 나의 견해다.

자금의 중개, 신용의 창조, 유동성의 조절, 위험 이전과 같은 은행의 임무들은 사실 정보의 비대칭성이라는 피할 수 없는 현실을 근거로 하고 있다. 잉여자금이 보유하고 있는 정보와 자금수요가 존재하는 곳의 정보가 일치하지 않기 때문에 자본 흐름을 조율할 수 있는 중개자가 필요하게 되었고, 그 주요 업무를 은행이 맡고 있는 것이다. 혹자는 정보통신 산업의 발전이 정보의 완전공유를 실현하고 비대칭성을 감소시켜 은행산업 자체의 쇠락을 가져올 것이라고 주장하지만 정확한 분석이라고 보기는 어렵다.

물론 정보시스템의 발달은 금융거래를 더욱 원활하게 하며, 자본의 이동 속도를 훨씬 빠르게 하고 있다. 지구 한 구석에서 추진되고 있는 개발 프로젝트에 대한 자료를 전 세계에서 실시간으로 열람할 수 있으며, 각각의 금융상품에 대한 시장 평가까지도 실시간으로 취득할 수 있다.

그러나 정보의 과다 공급은 예전과는 다른 형태의 문제점을 낳는다. 예전에는 '정보의 한정된 공급' 때문에 정보의 비대칭이 발생했지만, 현재는 '정보의 과다 공급' 때문에 똑같은 현상이 발생하기 때문이다. 예전에는 불필요했던 정보의 정제 작업이 요구되는 것이 현실이기 때문이다. 전문성을 보유하지 않은 일반인들에 대한 무절제한 정보의 과다 공급은 일반인들로 하여금 정제된 정보를 선별하기 어렵게 하며, 이는 예전의 '정보 부재하의 선택(Uneducated Decision)' 보다 실질적으로 열등한 '확인되지 않은 정보에 근거한 선택'이라는 결과를 낳고 있다. 더구나 한국처럼 IT 인프라가 발달되고 인터넷 서비스가 발달한 나라에서는 이러한 문제가 더욱 심각하게 나타난다.

은행에 대한 고객들의 인식변화도 정보통신 산업의 발달과 무관하지 않다. 불과 얼마 전까지만 해도 은행은 저축하고 융자받는 곳이라는 이미지가 강했다. 그러나 이제는 '최선의 방안으로 자산을 관리해주는 곳' 이라는 이미지가 더 강해지고 있다. 단지 이자율 높은 곳에 저축을 하고 싶거나 자본을 조달하고 싶다면 은행 외에도 여러 기관과 선택이 있을 수 있다. 단순한 예금과 인출업무 등은 인터넷뱅킹 등을 통해 쉽게 처리할 수 있다. 이제 고객들은 '과다 공급된 정보를 정제하여 가장 적합한 자산관리 방법을 제시하며, 그와 관련된 금융상품을 관리하고, 재무계획과 관련된 제반 업무를 지원하는 곳'으로서의 은행을 원하고 있는 것이다.

이제까지는 이러한 서비스는 프라이빗 뱅크(Private Banking)이라는 이름으로 고소득층을 위한 특별 서비스에 국한되어 있었지만, 일반 고객들도 이런 서비스들을 자연스레 원하게 될 것이다. 그러나 수익성을 따져보면 모든 고객을 대상으로 PB 서비스를 제공하기는 어려운 것이 현실이다. 결국 일반 고객을 대상으로 유사 서비스를 제공하는 소매금융업이 활성화될 수밖에 없으며, 대형 금융기관들은 이들기관을 대상으로 하는 도매금융에 치중하게 될 가능성이 높다.

결론적으로, 금융시장 환경의 변화는 금융기관들로 하여금 고객들에게 보다 가까운 곳에서 종합적인 서비스를 제공하게 만들고 있다.

한국형 국제금융 모델

이와 같은 제반 사항을 고려할 때, 한국 금융시장은 향후 국제 금융시장을 선도할 수 있는 금융기관 경영모델을 정립하기에 더할 나위 없이 적합하다.

우선 한국의 정보통신 인프라는 세계 최고의 수준이다. 한국 네티즌들만큼 자신이 보유한 정보를 공유하는 데 거리낌 없는 사람들도 드물다. 인터넷에는 방대한 양의 양질의 정보와 저질의 정보, 가치 없는 정보와 오류투성이의 정보들이 혼재되어 있다. 매일 이런 정보를 접하고 있는 고객들은 이것을 대신 정제해 줄 능력 있는 전문가를 필요로 한다. 한국의 금융시장은 아직 자율화와 규제가 혼재되어 있다. 한국 금융기관들은 관리당국의 규제 속에서 외국 금융기관들과 경쟁해야 하는 입장에 있다. 이런 상황들을 활용하여, 변화하는 국제 금융시장 패러다임에서 시장을 선도할 수 있는 한국형 경영모델을 정립하는 것이 중요하다.

이를 위해서는 선행되어야 할 일들이 있다. 첫째가 선진 금융이론의 체계화다. 서양 금융시장의 역사는 우리보다 오래되었으며, 체계적이며 과학적인 자산 배분론과 여신관리 이론, 파생금융상품론 등도 실무에서의 시행착오를 거쳐 우리보다 훨씬 잘 정리된 모델을 보유하고 있다. 배울 것은 무조건 배워야 한다. 단지 서양 이론을 무조건 수용할 수는 없기 때문에 먼저 체계화하고 우리 실정에 맞게, 그리고 우리가 국제 금융시장에서 활용할 수 있도록 정리하는 작업이 필수적이다.

그 다음은 현지 전문인 양성이다. 우리는 이 부분에 아직도 많이 인색하다. 한국에서만 경쟁하는 것이 아니다. 국제 금융시장으로 활발히 파고 들어야 한다. 단지 외국의 한인 밀집지역에 서비스 센터 한 두 곳을 개설해 놓고 해외 영업망이라고 할 것이 아니라, 그 나라의 금융기관과 같은 조건에서 경쟁할 수 있어야 한다. 또한 세계 각지에서 수입되는 정보를 세밀히 분석하고 정제된 결론을 도출할 수 있으려면 각국의 특수상황에 대한 깊은 이해가 필요하다. 몇 년간 살다 왔다고 해서 그 나라에 대한 전문가가 될 수는 없다. '선무당이 사람 잡는다'는 말처럼 조금 아는 것은 아예 모르는 것보다 못하다. 목표로 삼은 시장이나 국가에 대한 전문가를 현지인으로 확보하고 육성하겠다는 자세가 필요하다.

또 하나는 자신만의 전문분야를 확립해야 한다는 것이다. 모든 제반 금융업무와 최고의 서비스를 모두 제공할 수 있는 기관은 존재하기 어렵다. 전문분야 하나를 선택해 특화할 수 있는 만큼 특화해야 한다. 어느 누구와 경쟁해도 "이 분야만큼은 우리가 최고"라고 자신 있게 말할 수 있는 분야가 있어야 한다.

그러면 한국형 금융모델은 어떤 것이 있을까? 가능성은 여러 가지가 있을 수 있다. 그 중에서도 우선 가장 중요시해야 할 부분은 정보통신 산업과 금융산업을 연계시키는 부분이 아닐까 한다. 수차례 언급한 사실이지만 우리의 정보통신 산업과 인터넷 뱅킹 분야는 세계적인 수준이다. 이러한 장점을 어떻게 우리 금융산업의 지속적 경쟁우위(Sustainable Competitive Advantage)로 확립할 수 있느냐 하는 것이 이제부터 풀어야 할 숙제다.

금융인으로서의 자세

이 시점에서 우리 금융인들에게 필요한 것은 '크게, 멀리, 넓게' 보는 자세다. 우리가 처한 상황은 모든 면에서 10년 전과 다르다. 이제는 한국시장에서 외국계 금융기관과 어떻게 경쟁할지를 걱정할 때가 아니다. 외국계 금융기관들이 자신들이 보유한 고객 서비스 노하우와 자산관리 기법, 막대한 자산을 무기로 한국에서 경쟁하고자 한다고 해서, 그 경쟁 시장을 한국 시장으로 국한시킬 이유가 없는 것이다.

그들이 한국시장에서 경쟁을 원하면 우리도 당당히 경쟁시장을 세계시장으로 확대시킬 수 있어야 한다. 방어적인 경쟁에서 벗어나 공격적인 경쟁으로 바꿔 나가자는 뜻이다. 한국시장에 안주하지 말고, 세계 각국에서 당당히 경쟁을 하겠다는 각오를 갖자. 한국 시장은 한국 나름의 규제와 제한이 있고, 국제 시장도 그 나름의 규제와 규칙이 있다. 굳이 우리 자신을 한국 시장에 가두어 놓을 이유가 없다. 정부도 금융산업이 세계시장에서 경쟁할 수 있도록 모든 지원을 아끼지 말아야 한다.

금융산업에 대해서도 더 거시적인 안목을 키워야 한다. 미국시장에 진출하려면 실제 미국시장에서 미국 금융기관들과 경쟁하라. 중국 시장에 진출하면 중국 금융기관들과 경쟁하자. 그래야 그들이 가진 경쟁력과 노하우를 우리의 것으로 할 수 있고, 더 큰 경쟁에서 이길 수 있다.

누가 뭐라 해도 한국 시장을 가장 잘 이해하는 사람은 한국의 금융전문가다. 미국 시장을 가장 잘 아는 사람은 미국의 금융전문가일 것이다. 외국 금융인을 국내로 영입하면서, 정작 외국 지점의 관리자로는 본사의 한국직원을 파견하는 것은 누가 봐도 넌센스다. 외국 지사는 한국 교민만이 아닌 현지인들을 대상으로 영업하고 경쟁할 수 있어야 하며, 그 관리는 현지인에게 당당히 맡길 수 있어야 한다. 좀더 큰 시장을 보고, 좀더 먼 미래를 보고, 좀더 당당하게 자신의 역량에 자신감을 갖고 경쟁할 수 있는 금융인이 더 많아질 때, 우리의 금융산업도 한 단계 더 도약할 수 있다고 나는 확신한다.

또한 필요한 것은 금융인으로서의 자부심과 긍지이다. 금융산업은 근대경제 발전의 중추적인 역할을 담당하는 기관이다. 자본의 윤활한 이동과 공급을 담당하는 금융산업은 우리 몸에 혈액의 공급을 담당하는 심장과도 같이 중요한 기관이다. 한국의 경제 발전을 주도하는 중추기관의 일원으로서 자부심과 긍지를 항상 잊지 말도록 하자.

마지막으로 현재 금융산업의 일선에서 근무하고 있는 실무진들에게 당부하고 싶은 말이 있다. 모든 실무진들은 자신이 '금융전문가'라는 자부심을 갖자. 이 분야에서만큼은 세계 어느 곳과 경쟁해도 자신이 있다고 할 수 있을 만큼 전문성을 가져보자. 앞서 언급했다시피 우리는 세계 어느 곳과 비교해도 뒤지지 않을 인적 자산을 보유하고 있다. 이러한 우수 인력을 보유하고 있으면서 언제까지 '선진금융기법'을 배우고 있어야 하는가? 현실에 안주하지 말고, '남들만큼' 잘하려 하지 말고, 좀더 적극적으로 전문성을 배양하고 우리만의 금융 노하우를 정립하여 '남들보다' 더 앞선 전문성을 확보하자. 물론 그러기 위해서는 많이 보고 배우는 것이 우선일 것이다. 그리고 세상을 좀더 넓은 시각으로 보고, 경제와 금융의 역학관계를 국제적인 시각에서 바라보고 이해할 수 있는 역량을 기르고, 금융과 관련한 우리만의 전문지식을 축적해보자. 외국 기관으로부터 '선진금융기법'을 배우는 것이 아니라 세계 굴지의 금융기업들이 우리의 노하우를 배우러 오는, 그런 때를 한번 만들어보자.

결론

우리의 금융산업은 지금 일대 전환기를 맞고 있다. IMF 사태의 충격을 벗어나 이제 겨우 다시 경쟁력을 확보한 만큼 아직도 전문성이나 기초체력이 약하다. 그러나 종전과 달리 우리에게는 국제 금융시장의 파워하우스로 도약할 수 있는 충분한 여건이 준비되어 있다.

지금 한국에는 차세대 금융시장을 선도할 준비를 착실히 하고 있는 금융기관들이 상당 수 있다. 선배 금융인들이 도달하지 못한 목표를 향해 꾸준히 나아가는 후배 금융인들을 보면 흐뭇한 마음을 금할 수 없지만, 아직도 타성에 젖어 현실에 안주하는 많은 금융인들을 보면 안타까운 마음이 드는 것은 왜일까?

  이제는 단지 '경쟁력 있는' 금융산업을 갖는 것으로 만족해서는 안 된다. 정보통신산업처럼, 철강산업처럼, 조선산업처럼, 우리 금융산업도 이제는 국제 금융시장을 선도할 수 있는 충분한 여력과 우수 인력을 보유하고 있다. 이들을 어떻게 활용하여 우리만의 금융모델을 정립하고, 굴지의 금융기관들과 당당히 겨룰 수 있는지는 전적으로 우리 금융인들 스스로에게 달려 있는 것이다.

경제의 봄은 저절로 오지 않는다

지은이 | 이관우
엮은이 | 이은형
펴낸이 | 김경태
펴낸곳 | 한국경제신문 한경BP
등록 | 제 2-315(1967. 5. 15)
제1판 1쇄 인쇄 | 2007년 11월 10일
제1판 1쇄 발행 | 2007년 11월 15일
주소 | 서울특별시 중구 중림동 441
홈페이지 | http://www.hankyungbp.com
전자우편 | bp@hankyung.com
기획출판팀 | 3604-553~6
영업마케팅팀 | 3604-561~2, 595
FAX | 3604-599

ISBN 978-89-475-2643-2
값 11,000원

파본이나 잘못된 책은 바꿔 드립니다.